KB097672

강창훈

고려대학교 동양사학과를 졸업하고, 같은 학교 대학원
사학과에서 석사 학위를 받았다. 이후 막연하게 작가
또는 번역가를 꿈꾸었으나, 경험이 전무하고 당장 먹고살
길도 막막했다. 그러던 차에 이 두 가지를 어느 정도
해결해 줄 직업을 찾았으니 바로 출판사 편집자였다.
첫 직장인 '도서출판 뿌리와이파리'에서 1년간 혹독한
편집자 훈련을 받았고, '사계절출판사'로 직장을 옮기면서
본격적으로 역사책 편집자의 길로 들어섰다. 이후 '도서출판
책과함께', '휴머니스트'에서 편집자, 프리랜스 편집자 생활을
병행하며 집중적으로 역사책만 만들었다. 100종 가까운
역사책 편집에 직간접적으로 참여했고, 10년 전부터는
어린이와 청소년을 대상으로 하는 역사책을 쓰고 있다.
사계절출판사의 '아틀라스 역사 시리즈'(2016년 제57회
한국출판문화상 편집상 수상) 가운데 3종을 편집했고,
『중국사 편지』, 『일본사 편지』, 『우리 유물 이야기』, 『철의
시대』(제5회 창비청소년도서상 대상 수상) 등을 썼다.

역사책 만드는 법

역사책 만드는 법

내가 좋아하고 잘하는 분야의
전문 편집자로 일하기 위하여

강창훈 지음

역사책의 한길로

이 책을 쓰고 있는 2020년 현재, 헤아려 보니 출판 편집자 경력이 어느새 17년입니다. 출판사 직원보다 프리랜스 편집자로 일한 기간이 조금 더 길었습니다. 조직 생활이 체질인 사람이 얼마나 있겠나 싶지만, 저는 그것이 유난히도 힘들었는지 '직장인→프리랜스' 패턴을 세 번이나 반복하고 있네요. 그런데 이런 패턴을 반복하는 것이 가능했던 이유가 있습니다. 요즘 흔히 말하는 '스펙'이라는 것을 다른 편집자와는 다른 방식으로 쌓아 왔기 때문이 아닐까 싶습니다.

역사책 만드는 이야기를 펼쳐 나가려면 일단 제가 출판과 관련해 어떤 식으로 일해 왔는지 밝혀야 할 텐데요, 최대한 압축해서 말씀드리겠습니다. 독자 입장에서는 별로 특별할 것도 없는 남의 개인사를 참고 읽기가 꽤나 힘들다는 걸 저도 잘 알거든요.

처음에 출판사 편집자를 하자 마음먹은 건 '번역가'를 꿈꾸었기 때문입니다. 번역가가 되기 위해 편집자가 된다? 생뚱맞죠?

저는 동양사, 그중에서도 중국사를 전공했는데요, 애매하게 석사까지만 하고 공부를 그만두었습니다. 여러 이유가 있지만, 공식적으로는 "내 공부가 세상에 별 도움이 될 것 같지 않아서"라고 좀 겸손을 떨면서 넘어가겠습니다.

공부를 그만두자마자 가장 먼저 떠오른 직업이 중국어 번역가였습니다. 중국사를 전공했고, 베이징 어학연수를 다녀왔으며, 남들보다 학교를 3년 더 다닌 사람이 떠올릴 만한 직업이었죠. 하지만 당장 시작하기에는 기초가 너무 부족한 것 같아 이번에는 톈진으로 어학연수를 한 번 더 다녀왔습니다. 이렇게 해서 중국 어학연수 경력을 총 1년 6개월 확보했고, 그 와중에 '번역 잘하는 법' 류의 책도 읽어 보고 연습 번역도 해 보았습니다. '첫술에 배부르지는 않더라도 꾸준히 하다 보면 뭔가 되지 않겠어?' 이렇게 생각했죠. 그런데 아무것도 되지 않더라고요. 번역 회사를 통해 일을 받았지만, 발전성도 쌓이는 것도 없는 허드렛일에 한 달 수입도 고작 30~40만 원이었죠.

이렇게 몇 달을 보내던 어느 날, 출판 일을 하는 대학 선배를 만난 자리에서 중요한 충고를 든게 됩니다.

"번역가가 되려면 기획력부터 갖춰야지. 그러려면 출판 편집자 생활을 해 보는 게 좋아."

다시 말해 책이라는 상품과 출판 시장을 접하다 보면 좋은 외서를 고를 수 있는 선구안이 생긴다, 그러면 주어진 일을 수동적으로 하는 번역가가 아니라 자신이 하고 싶은 일을 하는 번역가가 될 수 있다, 이런 의미로 들렸죠. 정말 멋진 말이었습니다!

그런데 선배가 한 말이 마음에 들었던 이유가 또 있었어요. 나도 남들처럼 직장 생활을 하고 싶다, 액수가 많고 적음을 떠나 다달이 월급을 받고 싶다, 이런 욕망을 합리화시켜 주었거든요. 정리하자면, 매달 일정한 월급을 받고 편집자 경력을 쌓으면서 미래의 번역가를 꿈꾼다! 이런 식으로 뭔가 그럴싸한 명분을 만들 수 있었던 거죠.

처음 입사한 출판사는 뿌리와이파리입니다. 많은 종수는 아니지만 다양한 분야의 책을 만들어 보면서 '편집자 선배'인 사장님으로부터 편집의 ABC를 배웠습니다. 그에 대한 보답으로 만든 책마다 삽질의 흔적을 남겨 놓고는, 1년 만에 파주출판단지의 사계절출판사로 옮겼습니다.

당시 20여 년 역사를 지녀 온 사계절의 도서 목록에는 다양한 인문 도서가 있었습니다. 그런데 제가 입사할 무렵 인문 팀에서는 하나의 분야에 집중하려 하고 있었으니, 바로 역사 분야였습니다. 당시 인문 팀장은 사계절이 역사 분야에서 경쟁력이 있다고 보았습니다. 『역사신문』, 『세계사신문』, 『한국생활사박물관』 등 스테디셀러의 강세가 두드러졌고, 이 대형 기획을 통해 출판사와 인연을 맺은 저자가 상당히 많다고 판단했던 거죠. 그 연장선상에서 『아틀라스 한국사』와 『아틀라스 세계사』의 출간이 임박해 있었고 『아틀라스 중국사』 기획도 시작될 즈음이었습니다. 사계절에서 중국사를 전공한 저를 뽑았던 것도 바로 『아틀라스 중국사』 때문이었죠.

이 밖에도 한국사와 세계사를 주제로 다양한 단행본을 출간하고 있었는데요, 특히 제 눈에 두드러져 보였던 것은 중앙유라시아사 분야였습니다. 중국사를 공부할 때만 해도 '주연'인 한족을 도와주는 '조연'에 불과한 그들의 이야기에 별 관심이 없었는데, 그들을 '주연'으로 하는 책을 읽고 만들다 보니 저 자신에게 특별한 변화가 느껴졌습니다. 중앙유라시아사의 시각에서 보니, 그동안 보아 온 중국사가 한층 새롭게 다가왔고 세계사를 보는 안목도 넓어지는 것 같았거든요.

아무튼 입사 이후에 만든 책이 거의 역사책이다 보니, 남들에게 저를 소개할 때 '인문 편집자'라고 하면서도 마음속에서는 '나는 역사책 편집자다'라는 정체성이 생겨났습니다.

그 뒤로는 오로지 '역사책의 한길로'였습니다. 도서출판 책과함께의 인문 팀에서도 역사책을 만들었고, 휴머니스트에서도 역사 팀에서 일했습니다. 직장 생활 사이사이에 외주 편집자로 일할 때에도 다른 분야의 책은 받지 않고 역사책만 만들었고요. 10년 전부터는 어린이·청소년을 대상으로 글을 쓰는 작가 생활과 강연을 병행하고 있는데, 역시 역사 분야를 다룹니다.

이쯤에서 한 가지 고백을 하자면, 저는 그동안 역사책을 집중적으로 만들어 오긴 했지만 전반적으로 좋은 성적을 거둔 편집자는 결코 아니었습니다. 출판사 대표들이나 저에게 외주 일을 맡긴 담당자들께 '돈 되는' 책을 안겨 드린 기억이 거의 없어요. 그런 일이 아주 없지는 않았지만, 결정적인 역할을 한 것은 저의 편집 능력이 아니라 회사의 시스템이었죠. 다른 사람이 만들었어도 좋은 성적을 내지 않았을까 싶은 그런 기획물이었습니다. 아마도 제게 잘 팔리는 책을 만드는 능력이 있었다면 역사책 전문 출판사 대표를 꿈꾸었을지 모릅니다. 하지만 저는 아무리 봐도 그 정도는 아니었어요.

그럼에도 불구하고 제가 역사만을 고집했고 지금도 그 길을 가고 있는 것은, 가장 좋아하고 가장 잘할 수 있는 일이기 때문입니다. 생판 모르는 분야보다는 상대적으로 잘 아는 분야의 원고를 만지는 것이 책의 품질을 높이는 데 도움이 된다는 생각도 마음 한편에 있었고요. 프리랜스로 일할 때는 외주 의뢰가 들어와도 작업비가 아니라 내가 해 오던 분야인지를 따져 보고 선택했지요. 정신 건강에도 좋아 보였습니다. 잘 모르는 분야에서 허우적대는 것보다 스트레스도 덜 받을 테니, 남들보다 일을 더 하고 취미 생활을 덜 해도 되지 않을까 싶기도 했고요.

이 책에서는 제가 역사책을 편집하면서 경험하고 사유한 내용을 함께 나눠 보려 합니다. 주로 사용할 자료는 물론 제가 만든 책입니다. 헤아려 보니 그동안 역사책 50여 종을 편집했는데요, 크게 두 종류입니다. 첫째, 출판사 직원으로서든 외주자로서든 처음부터 끝까지 책임 편집을 한 책입니다. 두세 달 만에 뚝딱 펴낸 책도 있고 1년 6개월이 넘게 걸린 대형 기획물도 있으며, 교정만 본 책도 일부 포함시켰습니다. 둘째, 담당 편집자는 따로 있고 관리자(팀장 또는 편집장)로서 총괄을 했던 책입니다. 이 두 가지 경우에 더해, 필요한 대목에서는 어린이·청소년 책을 집필했던 경험도 떠올려 보겠습니다. 그리고 역사책을 주로 기획한 출판사 대표나 경험이 풍부한 편집자 선후배의 이야기도 함께 담도록 하겠습니다.

Ⅰ   **기획에서 최종 원고까지**

I

기획에서 최종 원고까지

{ 1 }

역사책, 얼마나 넓고 깊은지!

내가 생각하는 역사책이란?

출판동네 사람들을 만나 어떤 책을 만드느냐는 질문을 주고받을 때, 저는 간단히 '역사책'이라고 대답합니다. 그러면 대부분 "아, 그렇군요!" 하고 넘어가죠.

그런데 『역사책 만드는 법』의 원고를 쓰기 시작하면서 커다란 난관에 봉착했습니다.

'아니 이런, 역사책이 뭐지?'

'역사책' 만드는 법을 이야기해야 하니 폼 나게는 아니더라도 역사책이란 게 뭔지 어느 정도는 정리를 하고 시작해야 할 텐데, 갑자기 답답해지는 겁니다. 저 스스로가 나의 정체성은 '역사책 편집자'라고 생각했고 남들한테도 그렇게 떠벌려 왔으며 그 결과 이와 같은 제목의 책을 쓰게 되었는데, 큰일입니다. 그래도 어쩌겠습니까? 이렇게라도 정리할 기회가 생겼으니 다행이라고 정신승리 하는 수밖에요.

'역사책'이 '역사를 기록한 책'이라는 사전적 정의에는 모두들 동의하실 겁니다. 하지만 그 범주를 놓고는 저마다 의견이 다를 수밖에 없습니다. 각자의 관점에 따라 역사책일 수도 있고 아닐 수도 있겠지요. 그러니 좁은 범위에서 점차 넓혀 가며 '저마다의 의견'을 다양하게 살펴보고 나서, 제가 생각하는 역사책의 범주를 최종적으로 정리하는 것이 최선이 아닐까 싶습니다.

우선, 학문적으로 역사학 분야를 주제로 쓴 책은 이론의 여지가 없이 확실한 역사책입니다. 전국 대학의 역사학과 교수, 박사 학위를 취득한 전문 연구자, 이름에 '역사'가 들어가는 연구소의 연구원, 대학원에 소속된 석·박사 과정 학생이 자기 전공 분야의 책을 썼다면 100퍼센트 역사책이라고 해도 좋겠습니다.

한국연구자정보(https://www.kri.go.kr/kri2)라는 사이트가 있는데요, '성명 검색'-'전공 연구 분야'에 들어가 보면 인문학, 사회과학, 자연과학, 공학, 의약학, 농수해양학, 예술체육학, 복합학 8개 분야로 나뉘어 있습니다. 이 가운데 역사학은 인문학에 속하며, 다시 역사 일반, 한국사, 동양사, 서양사, 인류학, 고고학, 기타 역사학 7개 카테고리로 나뉩니다. 이 사이트의 분류대로라면 인류학과 고고학도 역사책의 범주에 넣을 수 있을 겁니다.

그다음으로는 책을 체계적으로 정리하고 보관하는 장소, 바로 도서관의 분류법을 살펴보겠습니다. 저는 평소에 편집이든 집필이든 주로 국회도서관에서 합니다. 장점이 많은 곳이거든요. 국민 세금으로 운영되니 공짜이고, 환경도 쾌적합니다. 제가 사는 동네에서 버스로 10분 거리라 출근하기도 좋아서 햇살 좋고 바람 좋은 날에는 한강시민공원과 마포대교를 걸어 퇴근하기도 하죠. 국회도서관의 가장 큰 장점은 노트북 한 대만 들고 가면 된다는 겁니다. 국내에서 출간된 거의 모든 책을 소장하고 있고 절판되어 서점에서 살 수 없는 책까지 볼 수 있으며, 어떤 책은 전자책 형태로 열람이 가능합니다. 어디 책뿐이겠어요? 논문도 총망라되어 있다시피 합니다. 멀티미디어 자료실에 가면 영화나 다큐멘터리 등 비도서 자료도 시청할 수 있고요.

국회도서관의 자료는 최신간 말고는 대부분 개가실이 아닌 폐가실에 있는데요, 여기 있는 책을 열람하려면 몇 가지 절차를 거쳐야 합니다. 먼저 도서관 곳곳에

비치된 컴퓨터로 필요한 책을 검색해서 신청합니다. 그러면 폐가실 안에서 직원들이 책을 찾아 1층 대출대로 보냅니다. 보통 30분쯤 걸리고요. 정면에 보이는 전광판에 내 이름이 뜨면 열람증을 가져가서 책을 대출하면 됩니다. 물론 관내 대출만 가능해요. 집에는 가져갈 수 없습니다.

도서관에 있는 모든 책에는 라벨이 붙어 있고 0번대부터 900번대까지 숫자가 적혀 있습니다. '청구기호'라고 하죠. 900번대가 역사 분야인데 여기에는 앞서 말한 역사학 전문 연구자의 책만 들어가는 것은 아닙니다. 역사학 교수나 박사가 쓴 책이 아니더라도 900번대 서가에 꽂힐 수 있죠. 누가 쓴 책이냐가 중요한 것이 아니라 그 책이 역사 분야에 속하면 곧 역사책입니다. 제가 말하는 '역사책'의 범주에는 도서관 청구기호 900번대의 책들도 포함됩니다.

그러나 한국연구자정보나 도서관 분류법이 다는 아닙니다. 반드시 역사 전공자가 쓴 책이나 도서관 청구기호 900번대 책만 역사책은 아니라는 거죠. 국가 기관에서는 역사책의 범주에 대한 객관적인 기준이 필요하겠지만, 출판사에서 그 기준을 따르지 않는다고 해서 문제가 되지는 않습니다. 출판사에서 판단하기에 역사책이면 역사책인 겁니다. 책의 콘셉트나 타깃 독자, 판매 등을 고려해서 '역사책'으로 분류하는 것이 좋다고 판단되면, 그렇게 분류하면 그만입니다. 역사 전공자의 책이 아니어도, 도서관 900번대가 아니어도 오프라인 서점의 역사책 판매대나 온라인 서점의 '역사' 카테고리로 분류하는 것이 상품의 가치를 높이는 데 유리하다면, 책 뒤표지 바코드 아래 있는 부가기호 세 번째 자리를 '9'로 해 놓고 역사책이라고 하면 되는 거죠.

  사실 제가 인식하는 역사책의 범주는 이보다 더 넓습니다. '인류 사회의 변천과 흥망의 과정 또는 그것에 대한 인식'이라는 역사의 사전적 정의에 따르면, 역사의 범위는 무한대로 확장됩니다. 인류 사회의 변천과 흥망은 철학, 정치, 경제, 예술, 문학 등 모든 방면에서 이루어지니까요. 도서관 청구기호를 기준으로 하면 철학사는 100번대, 정치사나 경제사는 300번대, 예술사는 700번대, 문학사는 800번대에 배치될 수도 있습니다. 그러나 제 눈에는 이 모두가 역사책으로 보입니다. 고전문학 전공자가 조선 시대 지식인이 남긴 문헌을 자료 삼아 조선 시대의 지성사나 생활사를 썼다면 저에게는 역사책입니다. 문학 연구자가 쓴 어떤 인물의 평전도 마찬가지이고요. 예술 작품을 소개한 책도 당대의 역사를 이해하는 데 도움을 준다면 역시 역사책으로 여깁니다. 과학의 발전 과정을 통시적으로 다룬 책도 "이것도 역사책이야!" 하고 우길 수 있죠.

물론 지금까지 말한 역사책의 정의는 저의 정의일 뿐입니다. 2000년대 초에 고전문학 연구자가 조선 시대 지식인의 삶이나 사상을 다룬 책이 부쩍 많이 나왔습니다. 옛 지식인의 문집을 토대로 쓴 『홀로 벼슬하며 그대를 생각하노라』(전창권, 사계절, 2003)와 『미쳐야 미친다』(정민, 푸른역사, 2004)가 큰 반향을 일으켰는데요, 이걸 만든 사람들은 이 책에 '역사책'이라는 정체성을 부여했습니다. 도서관 청구기호도 900번대, 온라인 서점 카테고리에도 역사로 분류되어 있습니다. 문학책을 주로 내는 출판사에서 만들었다면, 도서관 800번대 서가와 온라인 서점 고전문학 카테고리에 들어갔을지도 모르죠.

인문고전을 주로 편집한 후배가 있습니다. 그의 분류법은 제 방식과는 다릅니다. 저 같으면 역사고전, 문학고전, 철학고전, 이런 식으로 나누고 이 가운데 '역사고전은 역사책에 속한다'고 규정했을 텐데요, 그는 인문고전을 크게 학술서와 에세이로 나누었습니다. 전문 연구자를 대상으로 하는 학술서 그리고 일반 독자와 소통하기 위해서 쓴 에세이, 이렇게 둘로 말이죠. 이 기준대로라면 앞서 언급한 『홀로 벼슬하며 그대를 생각하노라』나 『미쳐야 미친다』는 인문고전 에세이에 속한다고 볼 수 있겠죠. 출판사에 따라, 편집자에 따라 상이한 접근이 가능하다는 점이 재미있습니다.

제가 역사책만 만든다고 하면 "너무 한 분야에만 매달리는 거 아니냐?"라고 말하는 분도 계실지 모르겠습니다. 하지만 보세요. 역사책의 영역이 얼마나 넓고 깊은지! 역사라는 한 분야의 책만 만들어도 언제나 망망대해를 항해하는 기분인데, 하물며 1월에는 역사책, 3월에는 철학책, 5월에는 사회과학책을 만든다고 생각하면! 저로서는 감당하기 어려울 것 같습니다. 역사책을 20년 가까이 만들고 있는데도 '아직도 헤매고 있구나?' 하고 자책할 때가 많습니다. 그러니 다른 분야는 쳐다보지도 않기를 잘한 것이죠.

이제 책 제목대로 '역사책 만드는' 과정을 본격적으로 살펴봐야겠죠? 역사책도 책은 책이라 기본 프로세스가 다른 분야와 크게 다르지 않습니다. 그러니 여러분도 익히 아시는 일반적인 출판 프로세스 이야기는 최소화하고, 역사책을 만들 때 특히 고민해야 할 지점을 중심으로 이야기를 풀어 나가도록 하겠습니다.

{ 2 }

역사책 필자는 도서관에서 찾아라

국내서 기획

책을 만들 때 가장 기본이 되는 것은 원고입니다. 쌀이 있어야 밥을 지을 수 있는 것과 같은 이치죠. 원고가 없으면 책이라는 상품을 만들 수 없습니다. 기획이 아무리 그럴싸해도 원고가 들어오지 않으면 그 기획은 생명력이 없습니다.

편집자라면 누구나 이런 경험이 한 번쯤은 있을 겁니다. 회의를 하다가, 참고자료를 읽다가, 어떤 원고의 교정을 보다가, 주말에 집에서 TV를 보거나 잠을 자다가 순간 무언가가 떠오를 때가 있죠. '그래, 이런 주제로 책을 내면 어떨까? 잘 팔리지 않을까? 대박 예감!'

정말 흥분되는 순간이 아닐 수 없습니다. 머릿속에

서 내가 만든 책이 출간되어 날개 돋친 듯 팔려 나가는 장면이 펼쳐집니다.

흥분을 가라앉히고 가장 먼저 해야 할 일을 생각해 봅니다. 그래, 필자부터 정해야지! 누가 좋을까? 가까운 사람부터, 그러니까 나 또는 출판사와 인연을 맺고 있는 저자를 떠올려 봅니다. 마땅한 사람이 없으면 온라인 서점에 들어가 비슷한 주제로 책을 쓴 저자를 물색해 봅니다. 몇몇 필자로 후보군을 좁히고, 가장 마음에 드는 후보 순으로 집필 의뢰서를 보냅니다. 오케이 사인을 보낸 필자와 계약을 하고, 함께 밥도 먹고 술도 마시며 장밋빛 청사진을 그립니다. 자, 이제 원고가 약속한 날짜에 들어오기만 하면 만사 오케이!

그러나 현실은 다릅니다. 출판계에서 이런 일은 거의 일어나지 않습니다. 이런 걸 '상상'이라고 하죠. 기획에서 계약 단계까지는 별 어려움이 없습니다. 막힘없이 앞으로 나아갈 수 있습니다. 문제는 딱 거기까지라는 거죠. 원고 입고가 어렵다는 현실을 깨닫는 순간, 편집자는 꿈에서 깨어나게 됩니다.

출판 프로세스에서 가장 어려운 고비는 원고 입고가 아닐까 싶습니다. 특히 편집자가 생각해 낸 주제, 그 주제에 어울리는 제목, 구성안과 목차가 이상적일수록 그에 걸맞은 원고가 생산될 확률은 오히려 낮아집니다.

제 아이가 자주 가는 청소년문화의집 화장실에는 이런 문구가 붙어 있습니다. "꿈을 크게 가져라! 깨져도 그 조각이 크니까."

하지만 원고는 다릅니다. 100점짜리를 기획해서 80점짜리 원고라도 받으면 좋겠지만 현실에서는 잘 없는 일이고, 설사 80점짜리가 들어오더라도 20점이라는 간극을 메우기가 쉽지 않습니다. 80점짜리라도 그냥 출간할까 싶기도 하지만, 어중간한 책이 되기 십상이고 성적도 장담할 수 없죠. 편집자의 훌륭한 기획서를 보고 "나도 평소에 이 주제로 쓰고 싶었다"며 선뜻 계약에 응하는 필자는 얼마든지 있을 수 있지만, 필자 역시 머릿속으로 상상만 해 보았을 뿐입니다. 상상하는 일과 그것을 글로 표현하는 일은 천양지차죠.

역사책으로 분야를 한정해서 보더라도 원고 생산이 어렵기는 마찬가지입니다. 다른 분야와 '어려움'의 결은 조금 다르지만요. 역사책은 나름의 특수성이 있습니다. 기본적으로 역사적 자료, 즉 사료에 근거해서 써야 합니다. 수많은 사료를 읽고 검토한 뒤 자신이 쓰려는 주제에 맞는 것들만 취사선택해야 하죠.

그런데 그 사료란 대부분 옛날 언어나 외국어로 되

어 있습니다. 한국사라면 기본적으로 한문 사료를 읽을 수 있어야 합니다. 개항기나 일제강점기의 역사를 쓰려면 영어와 일본어도 알아야 합니다. 해외 독립운동사 분야를 다루려면 중국어는 물론이고 경우에 따라서는 러시아어의 강까지 건너야 하죠. 대학 시절 한 교수님이 하신 말씀이 기억납니다. "역사는 인풋은 많고 아웃풋은 적은 학문이야."

언어 장벽이 원고 생산의 첫 번째 장벽입니다. 필자 입장에서는 기본적으로 사료를 읽는 데 기나긴 시간과 크나큰 고통이 따르는 거죠.

두 번째 장벽은 자신이 읽은 사료에서 원고 집필에 필요한 자료를 확보하는 일입니다. 한 권 분량의 원고를 만들기 위해서는 충분한 자료가 필요합니다. 자료가 충분하겠거니 짐작하고 섣불리 덤볐는데, 막상 뚜껑을 열어 보니 별것이 없는 경우가 허다합니다. 그러면 원고 집필 자체가 불가능해집니다. 이쯤 되면 편집자가 아무리 독촉 메일을 보낸들 공허한 메아리만 울릴 뿐이죠.

하지만 '준비된 필자'라면 얘기가 다르겠지요. 계약 당시에 첫 번째, 두 번째 장벽을 이미 뛰어넘어 둔 필자라면 곧바로 집필에 돌입할 수 있습니다. 그래도 방심은 금물입니다. 편집자의 기획서를 보고 "내가 이 분야 좀 알죠. 자료도 벌써 다 봐 뒀어요!" 하고 호언장담했는데, 막상 쓰려니 생각한 방향대로 잘 안 풀립니다. 이런저런 고민이 깊어지는 와중에 다른 바쁜 일이 생기면 '에잇, 일단 접어놓자!' 하고 슬슬 뒷전으로 미루거나, 그 와중에 더 솔깃한 집필 의뢰가 들어오면 '이게 더 재미있어 보이는데……' 하며 그날의 계약을 후회하기도 합니다.

오로지 글만 써서 먹고사는 것이 가능한 필자는 거의 없습니다. 대학 교수, 초·중·고등학교 교사, 언론인, 기업인 등등 직업이 따로 있는 경우가 대부분이죠. 그러니 그들의 우선순위는 당연히 본업이고 원고 집필은 후순위로 밀릴 수밖에 없습니다. 출판사 대표와 한잔하며 계약서에 사인할 때만 해도 호언장담했지만, 하룻밤 자고 나서 술이 깨면 미뤄 둔 일들이 떠오르며 '내가 왜 그랬지?' 하고 후회합니다. 막상 원고 쓸 시간을 내는 것이 쉽지가 않고요, 평일 저녁이나 주말에 용케 시간이 나더라도 솔직히 쉬고 싶습니다. 집안일이든 사회생활이든 다른 일이 생기기도 하고요.

이것이 제가 편집자로서 겪어 온 패턴입니다. 그러니 이상적인 아이디어를 짜거나 돈이 되지 않을까 하는 마음으로 기획서를 작성해서 집필을 의뢰하는 일은, 어지간해서는 피하는 것이 좋습니다. 평소 친하게 지내는 저자일수록 오히려 더 신중히 대해야 합니다. "친한 사이에 돈 거래 하지 말라"는 말도 있잖아요? 돈만 잃으면 그나마 다행인데 자칫 친구까지 잃으니까요. 출판의 세계에서도 비슷한 일이 벌어질 수 있습니다. 다른 분야 또는 어린이 역사책 분야는 어떨지 모르겠지만, 성인 대상 역사책에서는 편집자의 기획서에 딱 들어맞는 원고가 생산되기란 쉽지 않습니다.

그렇다고 해서 원고의 생산성을 높이는 방법이 아예 없는 것은 아닙니다. 기획 방법부터 바꾸어야 합니다. **관심 분야가 생겼을 때 이상적인 그림부터 그리는 것이 아니라, 그 분야에서 어떤 필자들이 어떤 연구를 하고 있는지를 먼저 살펴보면서 그것을 토대로 나의 그림을 그려 나가는 거죠.**

저는 관심 가는 분야가 생기면 우선 국립중앙도서관이나 국회도서관 홈페이지에 들어가 봅니다. 국내 논문집을 거의 모두 소장하고 있거든요. 그리고 키워드 검색을 통해 관심 주제의 논문 제목을 쭉 모아 봅니다. 눈에 들어오는 연구자가 몇 명 있습니다. 그러면 연구자별로 논문 리스트를 작성하죠. 그런데 키워드 검색에는 안 걸렸지만 편집자가 기획한 주제와 내용상 통하는 논문이 더 있을 수 있으니, 이번에는 한국연구자정보 홈페이지에 들어가서 연구자별 검색을 해 봅니다. 연구자는 대개 자신의 연구 업적을 충실히 정리해 올려놓기 때문에 여기까지 살펴보면 관심 있는 필자의 논문 제목을 빠짐없이 확보할 수 있습니다.

그다음은 관심 연구자별로 논문을 찾아볼 차례입니다. 국립중앙도서관이나 국회도서관 홈페이지, 한국교육학술정보원에서 다운받아 바로 볼 수 있는 논문도 있고, 해당 도서관에 직접 가서 그곳 컴퓨터를 통해서만 볼 수 있는 논문도 있습니다. 컴퓨터로도 볼 수 없는 논문은 정기간행물실 서가에서 직접 찾아보고, 발행된 지 오래되어 서고에 있는 논문은 담당자에게 신청합니다. 컴퓨터에서 전자 자료 형태로 볼 수 있는 논문은 출력하면 되고, 정기간행물실에서 신청해 대출받은 논문은 복사기를 이용하면 됩니다.

이제 관심 필자들의 논문을 읽어 볼 차례입니다. 한 분야에 대한 여러 연구자의 논문을 읽다 보면 그 분야 연구가 과거에서 현재까지 어떻게 흘러왔는지 감이 잡힙니다. 이것을 기획의 출발점으로 삼아 어떻게 책으로 만들지 고민해야 하는데, 여기서부터가 매우 어렵습니다. 편집자 개인의 역량도 중요하지만 출판사 고유의 출간 방향과도 연동되는 문제이니 그 점도 고려해야 하죠.

그래도 이렇게 논문을 읽고 검토한 결과를 토대로 기획서를 쓰면, 상상에 의존하는 것보다 좀 더 구체적이고 실행 가능한 기획서가 나옵니다.

필자를 선택할 때에는 다음과 같은 점을 염두에 두기 바랍니다. 원고를 책이라는 상품으로 만들려면 원고의 바탕이 될 자료가 많을수록 좋고, 독자에게 소구력 있는 책이 되려면 원고의 가독성이 높을수록 좋습니다. 그러니 **해당 분야 논문을 많이 쓴 사람일수록, 연구자뿐 아니라 일반 독자도 쉽게 다가갈 수 있는 글쓰기를 하는 사람일수록 좋겠지요.** 이 두 가지 조건에 부합하는 필자를 염두에 두고 기획서를 작성합니다.

자, 이제 기획서가 완성되었습니다. 편집자가 머릿속으로 상상해서 쓴 것이 아니라 자료 조사를 기반으로 작성한 기획서이니 현실화 가능성도 훨씬 높겠지요. 출판사 구성원들이 이 기획서를 공유하고 일단 추진해 보기로 결정하면, 집필 의뢰서를 작성할 차례입니다.

당연한 이야기지만, 집필 의뢰서에서 '당신이 이 기획을 실현하는 데 가장 적합한 사람'임을 설득해야 합니다. 당신이 연구한 것이 단행본으로 출간된다면 역사학계를 뛰어넘어 일반 독자의 세계와 소통할 수 있음을 보여 주어야 합니다. 이미 출간된 유사 도서와 비교할 때

당신이 쓰게 될 책은 어떤 의의와 차별성이 있는지도 설명하고요. 그의 논문에서 다룬 내용을 토대로 가목차를 짜서 제시하는 것도 좋은 방법입니다.

이제 이 집필 의뢰서를 가지고 필자와 만날 차례입니다. 편집자를 만난 연구자는 어떤 생각이 들까요? 수년 동안 열심히 한 주제를 파서 여러 논문을 썼고 그것을 바탕으로 학계에서 활동하고 있지만, 내 연구가 이 세상에 어떻게 비쳐질지 그동안은 몰랐습니다. 그런데 자신의 논문을 읽은 편집자가 찾아와 "우리 출판사의 필자가 되어 주셨으면 합니다" 부탁하면 기대감에 부풀겠지요. '내가 연구하는 것이 세상과 소통할 수 있는 주제구나!' 사실 모든 연구자는 단행본 집필을 향한 욕망을 품고 있습니다. 학계라는 좁은 리그에서만 통용되는 글 말고 일반 독자에게 다가갈 교양서를 써 보고 싶어 하죠. 하지만 신중한 연구자라면 계약서 서명란에 선뜻 손이 가지 않습니다. 안 그래도 논문 쓰랴 강의하랴 눈코 뜰 새 없이 바쁩니다. 내가 쓴 책이 팔릴까도 걱정이지만, 무엇보다도 내가 쓴 교양서를 학계에서 어떻게 평가할까 신경이 많이 쓰입니다. 그때 편집자가 이렇게 말합니다.

"선생님, 그동안 쓰신 논문들을 충분히 활용해서 알기 쉽게 풀어 보자는 생각으로 쓰시면 됩니다."

이런 격려를 들으면 연구자도 용기가 생깁니다. 완전히 새로운 무언가를 창조하는 것이 아니라, 내가 오랫동안 시간을 들여 작성해 놓은 논문을 자료 삼아 쓰면 된다고 하니까요. 원고 집필이 손에 닿을 듯 가깝게 느껴지지 않을까요?

그런데 연구자에게 집필 의뢰서를 내밀 때 주의할 점이 있습니다. 편집자가 짠 구성안을 필자에게 강요하지 마세요. 연구자는 해당 주제의 전문가라는 자부심을 가지고 있습니다. 전문가가 생각하는 구성안과 편집자가 생각하는 구성안은 다를 수밖에 없죠. 그러니 기획의 본질이 바뀔 정도가 아니라면, 논문의 장점을 놓치지 않을 정도라면, 융통성을 가지고 함께 바꾸어 나가면 됩니다. 원고를 쓰기 전부터 힘을 뺄 필요는 없습니다. 어차피 집필 과정에서 수많은 변화와 우여곡절을 겪을 터이니, 큰 틀에서 합의점에 도달했다면 그것으로 만족해야 합니다.

사실 이런 기획 방식이 성공률이 썩 높다고는 할 수 없습니다. 아무리 논문에 기대어 쓰는 것이라 해도, 어쨌든 논문과 단행본은 성격이 다르니까요. 다만 학계의 숨은 고수를 찾아 필자로 삼고자 할 때는 괜찮은 방법입니다.

편집자가 기획안을 만들고 필자를 발굴하고 원고를 입고시키는 과정은 참으로 지난합니다. 편집자의 컴퓨터에는 보통 '기획'이라는 폴더 안에 다양한 주제의 기획안이 있는데, 원고를 받아 그다음 편집 단계로 나아가기가 얼마나 어려운지요. 짧게는 1년, 길게는 2~3년씩 잠자고 있는 파일이 대부분입니다. 몇 번이나 독촉해도 필자가 요지부동이면 다른 방법이 없습니다. 허탈한 마음으로 오려두기 해서 '포기' 폴더 안에 붙이기 하는 수밖에요.

그럼에도 불구하고, 저는 이와 같은 방식을 꽤 고집했던 것 같습니다. 유명 작가에 의존하기보다는(사실 의존할 수만 있다면 의존하는 것이 훨씬 낫지만요) 내가 주도해서 책을 만드는 능동적인 편집자이고 싶었기 때문입니다. 또한 역사 분야에만 천착해서 편집자 생활을 하다 보니 내가 원고 생산의 전반적인 과정을 주도할 수 있다는 자신감도 있었고요. 지나고 나서 되돌아보니 좀 오만하고 무모했다는 생각도 들지만, 이런 기획 방식은 저에게 알게 모르게 자양분이 되어 주었습니다.

전문 연구자와 번역가에게 기대기

외서 기획

우리나라 저자가 쓴 책이 우리나라 독자의 감성에 맞을 확률이 높은 건 당연합니다. 그러니 출판사 입장에서는 되도록이면 우리 저자의 책을 내고 싶겠지요. 세계사나 각국사도 국내 필자의 시선으로 국내 독자를 고려해서 소개해 주면 더 좋을 테고요. 그러나 그것이 참 어렵습니다. 앞서도 말씀드렸지만 원고 때문입니다. 필자를 만나 계약할 때만 해도 계약서에 쓰인 날짜에 딱 맞게 원고가 나오고, 편집부에서 정해 놓은 시점에 책이 출간될 것 같죠. 그런데 어디 말처럼 쉽나요?

출판사마다 차이는 있지만, 대개는 일정 주기에 맞추어 일정 분량의 책을 내야 하는 것이 출판계의 현실입니다. "이번 달에 책 안 나오면 우리 굶어야 해!"라는 대표님의 푸념을 한 번쯤은 들어 보셨죠? 그럴 때마다 떠올리게 되는 것이 번역서입니다.

그렇다면 어떤 외서를 번역 출간할까요? 역사 분야만 놓고 봐도 해외에서 출간된 책이 너무 많지요. 저마다 눈높이도 다르고 관점도 다양한 역사책이 동서양의 온갖 언어권에서 어마어마하게 나오고 있습니다. 어떤 외서를 기획할지는 출판사의 출간 방향에 따라 다를 수밖에 없지만, 외서를 기획할 때 염두에 두면 좋겠다 싶은 몇 가지 과정이 있습니다.

아마 가장 많이 하는 일이 아마존을 비롯한 외국 온라인 서점 검색일 겁니다. 회사의 출간 방향에 따라 분야를 최대한 좁혀 놓고 검색에 들어가겠지요. 기획의 성공률을 높이려면 아무래도 판매량이 많은 것부터 살펴봐야겠죠? 일단 사이트에 뜬 도서 목록을 '판매량 순'으로 정렬하는 것이 보통입니다.

그리고 관심 가는 책을 클릭하면 소개 화면이 뜹니다. 기본적인 서지 사항과 함께 간략한 책 소개를 볼 수 있죠. 쭉 읽어 나가다 보면 출간하면 좋겠다 싶은 책이 눈에 들어옵니다. "와, 이런 책도 있네? 번역해서 내면 좀 팔리지 않을까?" 그러나 국내 온·오프라인 서점으로 들어가 확인해 보면 금세 알게 되죠. 나의 후보 목록에 오른 외서와 비슷한 분야, 비슷한 주제의 책이 이미 숱하게 나와 있다는 사실을요.

　실망할 필요는 없습니다. 어차피 하늘 아래 완전히 새로운 것은 거의 없으니까요. 흔한 주제라도 구성이나 편집 면에서 돋보이는 책이 종종 나타납니다. 역사책의 기본이라 할 수 있는 통사 시장을 한번 볼까요. 세계사 통사 책은 참으로 다양합니다. 전문가나 마니아용에서 초급 독자용, 청소년용, 어린이용, 심지어 유아용까지 많아도 너무 많지요. 집에서 책상에 올려놓고 오랜 시간 읽어야 하는 두꺼운 책도 있고, 들고 다니면서 하루 이틀에 끝낼 수 있는 얇은 책도 있습니다. 그러니 똑같이 '세계사 통사'를 표방하는 책이라도 들어 있는 내용의 양과 깊이는 저마다 다릅니다. 게다가 역사책에는 저자가 전면에 내세우거나 은근히 드러내는 역사관이라는 것이 있습니다. 비슷한 주제와 분량, 비슷한 연령대의 독자를 위한 책이라도 저자의 역사관에 따라 전혀 다른 책일 수 있지요. 서점에 갈 때마다 깜짝깜짝 놀라요. 이미 출간되어 판매대에 누워 있거나 서가에 꽂혀 있는 세계사 통사 책이 그렇게 많은데도, 유사한 콘셉트의 책이 오늘도 출간되고 있거든요. 어떤 세계사 통사든 국내에서 먹힐 가능성을 저마다 내포하고 있다고 볼 수 있죠.

다만 '이거 내면 좋겠다'의 단계에서 '이거 내자'의 단계로 나아가기 위해서는 신중한 필터링이 필요합니다. 아마존의 몇 줄짜리 소개글에 현혹되어서는 안 됩니다. 자기네가 팔아야 할 책을 재미도 없고 배울 것도 없고 감동도 없다는 식으로 소개하는 경우는 없으니까요. 당연히 단점은 감추고 장점을 강조해서 보여 주지요. 그건 우리도 마찬가지잖아요? 그러니 너무 좋아 보여서 에이전시에 당장 오퍼 신청서를 보내고 싶더라도, 일단은 꾹 참고 원서를 검토하는 단계를 밟아야 합니다.

검토하려고 주문한 외서가 내 책상 위에 도착합니다. 포장을 뜯으면 이국적인 표지가 눈앞에 나타나죠. 하지만 설렘과 흥분은 거기까지, 책장을 펼치는 순간 두려움이 엄습합니다. 외국어의 장벽이 가로막고 있으니까요.

외국어 실력은 편집자마다 다르겠지만, 외서 검토를 가뿐히 해내는 편집자는 매우 드물 겁니다. "나 영어 좀 하는데!" 하는 편집자조차도 외서 검토가 부담스러운 것은 마찬가지입니다. 출판사에서 근무하는 편집자에게 외서에만 집중할 여유란 좀처럼 없으니까요. 이번 달에 꼭 내야 하는 책 편집에 집중하는 와중에, 다른 국내서 원고를 검토하는 와중에 시간을 쪼개어 살펴봐야 하는 경우가 대부분이죠. 그러니 우리말로 된 원고를 검토할 때보다 훨씬 긴 시간이 필요한 일에 오히려 훨씬 적은 시간밖에 투자하지 못합니다. 이런 조건에서 출간 여부를 판단해야 한디니! 외서 검토, 말은 참 우아하나 현실은 결코 우아하지 않습니다.

편집자 자신이 읽어 보고 '이거 정말 물건이다!'라는 확신이 든다면 대표와 논의해서 최종 결정을 하면 됩니다. 생각보다 별로라면 그냥 접으면 되고요. 하지만 판단이 잘 안 서는 경우에는 제삼자에게 검토를 맡기는 것이 가장 현명한 방법입니다. 그럼, 누구에게 맡기면 좋을까요?

가장 알맞은 사람은 **해당 분야의 연구자**입니다. 특히 **학술성이 짙은 책일수록 연구자에게 맡기기를 권합니다.** 어떤 학문 분야든 국내에 관련 연구자가 최소 한 명은 있게 마련입니다. 역사도 마찬가지죠. 중국의 문화대혁명을 다룬 외서를 낼까 말까 고민 중이라면 그 분야 연구자를 찾으세요. 르네상스 시대의 지식인을 다룬 책? 1, 2차 세계대전? 분야에 따라 학계의 사이즈가 다르고 연구자층에 차이가 있을지언정, 찾아보면 적어도 한 사람은 있습니다. 온라인 서점, 국가 도서관, 한국연구자

정보 등을 검색하면 내가 내려는 책과 유사한 분야의 연구자를 어렵지 않게 확인할 수 있지요. 그들에게 연락을 취해 외서 검토를 의뢰하면 됩니다. 어느 분야의 역사 연구자든 영어를 비롯해 자신이 연구하는 국가와 시대의 언어 능력을 기본으로 갖추고 있습니다. 그렇지 않으면 1차 사료나 다른 나라 연구자의 논문을 읽을 수 없어서 연구 자체가 불가능하니까요. 그러니 해당 분야 연구자에게 외서 검토를 맡기면 그 책에 대한 양질의 정보를 얻을 수 있습니다.

제가 경험한 바로는 편집자가 검토를 의뢰하면, 일면식도 없는 연구자인데도 대체로 반가워합니다. 연구자들은 저마다 자기 분야에 파묻혀 지내다 보니 자신의 연구가 학계의 바깥세상에서 어느 정도의 가치를 지니는지 실감하지 못하는 경우가 있거든요. 어느 날 갑자기 모 출판사의 편집자라는 사람이 연락해 와서 "선생님의 고견을 듣고 싶습니다" 하면 연구자는 뿌듯한 기분이 들겠지요. 편집자가 의뢰한 외서가 자신이 보지 못한 최신간이라면 '내 분야 책인데 나온 줄도 몰랐네?' 하며 기분 좋게 읽어 볼 수 있고, 반대로 이미 아는 책이라면 편집자에게 신나게 책에 대한 이야기를 하겠죠. 연구자는 이 책의 존재를 처음 접했든 이미 알고 있든, 자기 직업과 관련된 일이기 때문에 편집자의 의뢰에 적극적으로 임할 확률이 큽니다.

편집자 입장에서도 좋습니다. 연구자가 빠르게 답을 줄 확률이 높거든요. 전화나 메일로 의견을 듣게 되겠죠? 만약 연구자에게 긍정적인 의견을 듣고 나서 외서 내용을 일부라도 직접 읽어 봐야겠다는 판단이 서면, 그 연구자에게 샘플 번역을 의뢰하면 됩니다. 샘플 번역은 책의 출간 여부 결정에 중요한 단서가 됩니다. 게다가 연구자의 번역이 책의 정보를 전해 주는 정도를 뛰어넘어 "이분, 번역 괜찮다!"의 수준으로 오는 경우도 종종 있습니다. 출간을 결정한다면 번역자로 섭외할 수도 있죠. 더 나아가 전문적인 해제를 의뢰하거나, 역자 후기(또는 역자 서문)를 통해 전문적인 리뷰를 기대할 수 있습니다. 이 과정이 매끄럽게 이루어진다면 양자의 인연이 계속 이어져 국내서 집필로 나아갈 수도 있고요.

다만, 연구자의 검토 의견은 대체로 '긍정적'일 때가 많다는 사실에 유의해야 합니다. 그 책이 새로운 시각을 제시하는 연구서라면 연구자의 눈에는 긍정적으로 보일 것이며, 설사 자신의 견해와 부합하지 않더라도 연구에 간접적으로 도움이 될 테니 출간을 권유할 확률이 높거든요. 가장 중요한 문제는 번역 출간되었을 때 상품으로서 가치가 있느냐를 판단하는 일인데, 연구자에게 그것까지 맡길 수는 없습니다. 그건 전적으로 출판사가 판단할 몫이죠. 연구자가 적극 추천하더라도 편집자는 긴장의 끈을 놓아서는 안 됩니다.

연구자에게 번역을 맡기고자 할 때에도 심사숙고해야 합니다. 앞서 국내서를 다룰 때도 누누이 강조했지만, 연구자는 본업이 따로 있다 보니 원고 입고가 늦어져 출간 일정에 차질이 빚어지는 경우가 종종 있습니다. 막상 번역 원고를 받아 보니 샘플 번역에서 가졌던 기대에 못 미칠 수도 있지요. 편집자가 교정으로 해결할 수 없는 수준의 번역 원고가 입고된다면 이 기획은 심각한 위기에 직면합니다.

출간 프로세스를 안정적으로 끌고 가고 싶다면, 해당 언어의 전문 번역가에게 검토와 번역을 의뢰하는 것이 좋습니다. 역사 분야의 다양한 책을 경험한 번역가라면 더할 나위 없이 좋겠지요. 번역 경험이 풍부하고 책을 보는 안목과 해당 분야에 대한 식견이 높은 번역가는 책의 시장성을 평가하는 감각도 갖추고 있습니다. 그들에겐 오랜 번역 경험을 통해 갖게 된 촉이라는 것이 있으니까요. 무엇보다도 번역을 직업으로 하는 전문 번역가는 원고 입고 일정도 잘 지키는 편입니다.

외서는 국내서에 비해 원고 생산율이 상대적으로 높습니다. 집필이 무에서 유를 창조한다면 번역은 유에서 다른 유를 창조한다고 볼 수 있기 때문이겠지요. 그럼에도 출판사에서는 국내서에 비해 외서 기획을 꺼립니다. 다들 아시겠지만 비용이 많이 들거든요. 국내서는 필자에게 계약금으로 50~100만 원을 지급하고 나서 출간 이후 판매량에 따라 인세를 지급하면 되지만, 외서는 계약 단계에서 적지 않은 선인세(책마다 천차만별이지만 적어도 200~300만 원, 보통은 400~500만 원)를 먼저 지불해야 하니 국내서보다 비용 부담이 훨씬 크지요. 게다가 번역료도 만만치 않습니다. 번역 원고는 인세보다 '원고지 장당 얼마' 식으로 계산하는 경우가 많고, '원고 입고일로부터 한 달 이내' 또는 '출간과 동시에' 한꺼번에 비용을 치러야 하고요.

하지만 외서 기획의 경우 번역료는 어쩔 수 없다 하더라도, 선인세 비용을 절감하는 방법은 있습니다. 저작권 계약이 필요 없는 외서를 발굴하면 됩니다. 저자가 사망한 뒤 일정한 시간이 지난(1963년 1월 이후 사망한 저자의 작품은 사후 70년, 그 이전에 사망한 저자의 작품은 사후 50년) 책이라면 저작권 계약 없이 출간할 수 있습니다. 주로 20세기 초반 이전에 나온 책들인데, 역사 분야로 한정하자면 당대에 쓴 역사책은 물론이고 견문기나 르포 형식의 책도 기획의 대상이 될 수 있습니다. 출간 당시에는 여행서나 에세이였던 책도 긴 세월이 지난 현 시점에서는 당대의 역사를 이해하는 데 도움이 되는 훌륭한 1차 사료가 되니까요.

『자금성의 황혼』(레지널드 존스턴, 김성배 역, 돌베개, 2008)이 그런 예입니다. 지금 여러분이 보고 계신 이 책의 판권면에 나오는 '펴낸이'가 『자금성의 황혼』의 담당 편집자였고, 그가 외주 교정을 맡긴 사람이 저였습니다. 두 사람의 질긴(?) 인연은 그때부터 시작되었지요.

베르나르도 베르톨루치 감독의 『마지막 황제』, 혹시 보셨나요? 중국 청나라의 퇴위 황제 푸이의 일대기를 다룬 영화입니다. 영화를 보면 자금성을 출입하며 어린 푸이를 가르치는 영국인 가정교사가 나오는데요, '레지널드 존스턴'이란 이름의 실존 인물이죠. 그가 자신의 체험담을 글로 옮긴 책이 바로 『자금성의 황혼』입니다.

가장 기억에 남는 책은 『그리스인 이야기』(전3권, 앙드레 보나르, 김희균·양영란 역, 책과함께, 2011)입니다. 원서 제목은 『Civilisation Grecque』(그리스 문명)으로 1954년에 첫째 권이 나왔습니다. 1959년 마지막 셋째 권이 나오고 나서 며칠 뒤에 저자 앙드레 보나르가 세상을 떠났기 때문에 역시 저작권이 소멸된 책이었죠.

　이 책의 기획은 2004년 법학자 김희균 교수가 원서 세 권을 들고 출판사를 찾아오면서 시작되었습니다. 프랑스 유학 시절 우연히 알게 되었다면서 출간을 제안했고, 출판사도 수락했습니다. 1권 번역 원고가 들어온 시점은 그로부터 무려 5년이 지난 2009년입니다. 읽어 보니 김 교수가 장담한 그대로 저자 앙드레 보나르의 현란한 입담이 장난이 아니었죠. 번역도 감칠맛이 나서 저자와 역자의 '케미'가 참 잘 맞는다고 느꼈습니다. 나머지 번역도 속히 이루어지길 기대했지만 시간이 너무 지체되었습니다. 김 교수에게 더 이상 번역할 여력이 없었던 거죠. 그래서 다른 전문 번역가에게 2, 3권 번역을 맡겨 세 권 모두 무사히 출간할 수 있었지요.

　이 밖에도 유명 역사가의 책이나 여행가의 기행문 등 잘 찾아보면 저작권이 소멸된 좋은 역사책이 많이 보일 겁니다. 하지만 '꾸준히 돈이 되는' 책은 이미 여러 출판사에서 발 빠르게 펴내서 판매하고 있지요. 기존 책과 차별화된 편집과 디자인으로 승부를 보겠다는 결기로 도전해 볼 수도 있겠지만 그만큼 위험 부담도 큽니다. 그러니 가장 좋은 기획은 그동안 소개되지 않은 책을 열심히 찾아 '국내 최초' 출간에 도전하는 것이겠죠?

{ 4 }

뜻밖의 인연을 만나다

외부에서 들어온 기획

앞에서 원고의 중요성을 누누이 강조했는데요, 사실 원고는 입고'시키는' 경우보다 입고'되는' 경우가 훨씬 많습니다. 어느 날 아침 출근하자마자 회사 메일을 열어 보니 어제까지만 해도 전혀 생각지 못한 1,000매, 2,000매짜리 원고가 눈앞에 펼쳐져 있는 경험, 다들 해 보셨을 겁니다. 그중에는 하늘이 내린 선물 같은 원고도 있습니다. 아주 가끔이긴 하지만요.

입고된 원고도 출간 여부를 결정하는 과정을 거쳐야 합니다. 집필 의뢰를 통해 필자를 구한다면 계약을 먼저 하고 원고를 쓰지만, 이 경우에는 원고를 보고 나서 출간 여부를 결정하게 되죠. 원고를 검토하여 이 원고가 책이 되었을 때의 운명을 점쳐야 합니다. 편집과 제작의 과정을 머릿속으로 그려 보고, 유통되었을 때 상품으로서 어느 정도의 능력을 발휘할지 미리 판단해야 하죠.

물론 이 절차가 아주 간단할 때도 있습니다. 입고되었을 때 이미 '웬만하면 출간'으로 정해져 있는 원고입니다. 회사와 오래 인연을 맺어 온 필자가 "이런 주제로 써 볼게요" 하고 제안하자 출판사에서 "그거 재미있겠어요. 웬만큼 쓰면 연락 주세요" 하고 화답한 경우인데요, 필자가 원고 전체 또는 몇 장을 보내오면 그걸 보고 계약 여부를 결정하는 거죠. 이미 '구두 계약'을 한 셈이기 때문에 '정말 아닌데' 정도만 아니면 출간 쪽으로 결정하게 됩니다.

그러나 전혀 예상치 못한 경우도 있습니다. 어느 날 대표가 "깜냥이 되는지 검토해 봐" 하고 원고를 던져 줍니다. 친분 있는 필자가 대표에게 직접 원고를 보낸 것입니다. 살펴본 결과 정말 아니다 싶으면 대표와 싸워야 하지만, 장점 반 단점 반 정도라면 '나쁘지 않다' 정도의 긍정적인 검토 의견을 내게 됩니다. 물론 반대의 경우도 있습니다. 대표가 보기에는 별로인데 친분이 있다 보니 딱 잘라 거절하기도 좀 그럴 때, 담당 편집자의 검토를 통해 '거절의 객관적 근거'를 확보하는 거죠. 편집자가 '이러저러하니 출간하지 않는 것이 좋겠다'는 의견을 주면 대표 입장에서는 아무래도 거절하기가 한결 수월해지겠죠.

그런데 대표의 개인적 친분을 통해 출판사에 들어온 원고라 해도, 편집자도 일정 부분 책임을 공유해야 합니다. 편집자가 긍정적으로 보아 출간했는데 판매가 부진할 수 있고, 부정적으로 보아 원고를 돌려보냈는데 다른 출판사에서 좋은 성적을 거둘 수도 있습니다. 그러니 이런 원고의 출간 여부를 결정할 때도 긴장의 끈을 놓아서는 안 됩니다.

이 대목에서 특별했던 기억이 하나 떠오릅니다. 도서출판 책과함께 대표와 개인적 인연이 있는 서양사 연구 분야의 대학자가 원고를 보내왔습니다. 알고 보니 『프랑스 혁명에서 파리코뮌까지, 1789~1871』(노명식, 까치, 1980)의 개정판 의뢰가 아니겠습니까! 1980~1990년대 한국 대학생 사이에서 혁명사의 고전으로 자리 잡았던 책이죠. 저 또한 프랑스 혁명사에 관심이 많아 대학 초년에 열심히 읽은 기억이 있는 책이라 원고를 보는 순간 감회가 남달랐습니다. 20년 만의 만남이었죠. 출판사에 있다 보면 독서의 추억과 종종 조우하게 됩니

〔4〕 뜻밖의 인연을 만나다

다. 저는 2011년 개정판을 편집하고 나서 퇴사했는데, 2012년 연말에 개봉한 『레미제라블』 흥행 열풍으로 좋은 성적을 거두고 있다는 소식을 듣고 무척 기뻤습니다.

한편, 출간 여부를 결정할 때 편집자의 발언권이 '상대적으로' 큰 경우가 있습니다. 회사 이메일로 투고되는 낯선 필자의 원고입니다. 처음 보는 이름이라 나만 모르나 싶어 인터넷 서점을 검색해 보면, 역시 책을 낸 적 없는 필자가 대부분이고 한두 권 출간 경험이 있는 필자도 간혹 있습니다. 아직은 세간에 알려지지 않았지만 꾸준히 원고를 쓰면서 출판사의 문을 두드리는 이들입니다. 아직은 검증되지 않은 필자라고 볼 수 있지요.

그러다 보니, 저도 그랬지만 대부분 편집자가 투고 원고에 별 신경을 쓰지 않습니다. 받은편지함에 몇 날 며칠을 그대로 떠 있지요. '혹시나' 하고 열어 보았다가 '역시나' 한 경험이 오래 쌓이다 보니 기대를 아예 하지 않은 탓입니다. 무슨 통계가 따로 있는 건 아니지만, 제 느낌적인 느낌으로는 100편의 투고 원고 중에 책으로 세상 빛을 보는 것은 한두 건이나 될까 싶습니다.

그래서겠지만 투고 메일이 오면 읽고 답하지 않는 편집자가 많다고 들었습니다. 저는 그러지는 말았으면 좋겠다는 말씀을 드리고 싶어요. 아무리 바빠도 답장은 보냅시다! 투고한 사람에게는 몇 개월, 몇 년을 공들여 쓴 귀중한 원고입니다. 어느 출판사에 투고할지 고민하다가 가장 내고 싶은 출판사부터 순서대로 보냈을 수도 있습니다. 출간하지 않을 거면 짧더라도 답신을 빨리 보내는 것이 예의입니다. 다른 출판사의 문을 두드릴 수 있도록 말이죠.

편집자 생활을 하다 보면 이름난 필자의 좋은 글을 많이 접하게 됩니다. 편집 경력이 쌓일수록 눈이 높아질 수밖에 없지요. 출간 경험이 없거나 적은 필자들이 투고한 원고가 성에 차기는 쉽지 않습니다. 그러나 원고의 질은 좀 아쉬워도 그 내용만큼은 이대로 돌려보내기 아깝다 싶은 원고가 간혹 있습니다.

외주 편집자 생활을 하던 2008년 초, 한 원고의 편집을 의뢰받았습니다. 재미교포 의사가 쓴 1,300매 분량의 원고로 주제는 '서양에서 부른 우리나라 국호의 역사'였죠. 미국에 거주하는 한국인 의사가 우리나라 국호의 역사를 썼다? 역사 전공자도 아닌 아마추어 작가가 쓴 데다가 주제도 너무 광범위했습니다. 출판사에서는 큰 기대 없이 원고를 열어 보았는데 웬걸, 결코 만만치 않은 내용이었다고 합니다. 아랍 상인들이 신라를 오갈 때부터, 마르코 폴로가 중국에 오고, 대항해 시대가 열리고, 근대에 서구의 물결이 밀려오고, 대한민국이 탄생할 때까지, 이 기나긴 시간 동안 서양인들이 우리나라에 대해 기록한 문헌 자료와 지도를 수집하고 총망라해서 쓴 원고였습니다.

원고를 보고 출판사에서 출간을 결정한 까닭은 필자가 수십 년간 발휘한 투혼에 감동했기 때문만은 아니었습니다. 모든 학문이 그렇듯이 역사 연구자에게도 자기만의 전공 분야가 따로 있습니다. 연구하는 나라가 있고 시대가 있고 분야가 있죠. 예를 들면 '한국사+근현대사+경제사'의 교집합, 즉 '한국 근현대 경제사'가 자기 전공 분야가 되는 것이죠. 전문 연구자는 자기 분야에만 천착하기에도 무척 빠듯합니다. 틈틈이 글을 써서 단행본을 내는 부지런한 연구자라 하더라도 자신의 주 전공 분야를 넘어서기는 어렵죠.

그래서 전문 연구자가 아닌 교양서 필자에게도 역사책 분야에 비집고 들어갈 여지가 생깁니다. 예를 들어 '조선왕조실록'이라는 제목으로 한국사 통사를 일목요연하게 정리해 보여 주는 책이 꽤 많이 나와 있는데요, 교양서 필자가 쓰는 경우가 대부분입니다. 청소년을 대상으로 하는 역사책도 주로 학계 바깥에서 활동하는 작가들이 씁니다. 제가 쓴 『철의 시대—철과 함께한 인류의 역사』(창비, 2015)도 그런 경우지요.

　미국에서 온 '서양에서 부른 우리나라 국호의 역사' 원고도 이와 비슷하다고 할 수 있습니다. 전문 연구자 과정을 거친 필자는 아니지만, 어느 전문 연구자도 하기 어려운 작업을 해낸 겁니다. 당시 출판사에서는 이 원고가 출간할 가치도 충분하고 시장에서도 최소한의 역할은 해 줄 것이라고 기대했습니다. 다만, 원고의 구성과 내용을 적극적으로 다듬어 내면 좋겠다는 의도로 저에게 편집을 의뢰했지요. 결국 이 책은 『꼬레아, 코리아』(오인동, 책과함께, 2008)라는 제목에 '서양인이 부른 우리나라 국호의 역사'라는 부제를 달고 세상에 나왔습니다.

　외서의 경우에도 비슷한 사례가 얼마든지 있습니다. 국내서처럼 어느 날 갑자기 편집자의 눈앞에 나타나기도 하지요. 전공자가 자기 분야의 외서를 읽다가 개인적 관심 또는 공부하자는 마음으로 번역을 한 뒤에 출판사에 출간을 의뢰하는 경우가 왕왕 있습니다. 이 경우는 출간 여부를 검토하기가 수월합니다. 번역자에게 이 책의 가치에 대한 설명을 구체적으로 들을 수 있고, 이미 번역이 되어 있어 내용 파악도 가능할 뿐 아니라 번역의 수준까지 가늠할 수 있거든요. 물론 출간 쪽으로 결정될 확률이 그리 높지는 않습니다. 전공자의 기획이다 보니 전문 학술서이거나 1차 사료의 주석서인 경우가 많은데, 학술서나 주석서를 꾸준히 내는 출판사가 아니라면 감당하기가 쉽지 않으니까요.

전문 번역가가 "이 책 내 보면 어때요?" 하고 제안해 온다면, 그건 일단 기본 점수를 따고 들어오는 셈입니다. 번역서 출간 노하우가 풍부하기 때문에 자신이 소개하는 책의 상품성을 어느 정도 판단할 수 있고, 번역도 신뢰할 수 있으니까요. 그래도 샘플 번역은 꼭 받아 봐야 합니다. 어쨌든 번역가는 원고 생산자, 출판사는 그 원고로 책이라는 상품을 만드는 쪽이니 서로 입장이 다릅니다. 편집자의 시선으로 샘플 번역을 검토해서 출간 여부를 판단해야 합니다. '검증된' 전문 번역가라고 해서 모든 책의 번역이 훌륭하다고 단언할 수는 없으니 번역 상태도 꼼꼼히 체크해야 하죠. 이런 과정을 거쳐 출간하기로 최종 결정을 하고 나면, 이제 믿고 맡기면 됩니다. 번역 계약서를 쓸 때 출판사 대표가 이런 부담(?)을 주곤 합니다. "원고 들어오면 교정 하나도 안 보고 바로 책으로 낼게요!" 물론 과장된 말이고 상대방도 이 말을 믿지 않지만, 전문 번역가에 대한 신뢰를 이렇게 표현하는 것이죠.

{ 5 }

원고 기초 공사

콘셉트와 구성안 잡기

드디어 원고가 들어왔다 치고 이야기를 이어 나가죠. 원고가 들어오면 출판사에서는 일단 한숨 돌리게 됩니다. 원고가 있고 없고는 그야말로 하늘과 땅 차이! 출간이 가시권에 들어온 셈입니다.

이제 흥분을 가라앉히고 원고를 열어 봐야겠죠? 기획 단계에서 의도하거나 예상한 대로 원고가 생산되었는지 확인해야 합니다. 예상했던 흐름과 다르게 전개되었을 수도 있고, 다른 결론에 도달했을 수도 있습니다. 편집자가 예상한 그림과 약간 또는 완전히 결이 다른 원고일 수도 있죠. 역사 관심층이 읽을 만한 원고이길 기대했는데 난이도가 생각보다 높을 수도 있습니다. 여기까지는 그런 대로 괜찮은데, 원고 자체의 수준이 떨어지면 문제가 심각해집니다. 뭔가 말은 많이 한 것 같은데 결론이 미진하게 느껴질 수도 있고, 근거 없이 결론만 중언부언하는 원고일 수도 있습니다. 이제는 원고가 입고되기를 막연히 기다릴 때의 불안감보다 훨씬 더 구체적이고 현실적인 고민의 시간이 시작됩니다.

원고를 보고 실망할 수도 있습니다. 아니, 만족할 때보다 실망할 때가 더 많은 것 같아요. 재미가 없을 수도 있고 새로운 정보가 부족할 수도 있으며 마음에 울림이 없을 수도 있습니다. 필자가 자기 역량을 최대한 뽑아내지 못한 듯하여 실망스러울 때도 있죠. 그러나 역사책은 재미와 지식과 감동을 이끌어 내기가 무척 어려운 분야라는 점을 감안해야 합니다. 역사책은 기본적으로 사료에 근거해서 써야 하는 분야이니, 있지도 않은 걸 억지로 끌어낼 수는 없습니다.

이런 마인드가 필요합니다. '내가 상상하는 이상적 원고는 관념 세계에서나 존재할 뿐이다. 현실에서는 그 이상이 실현되기가 매우 어렵다.' 그러니 나에게 주어진 원고를 출발선 삼아 수준을 최대한 끌어올리는 것이 최선입니다.

자, 이제 원고 검토를 시작해 보겠습니다. 일단 처음

부터 끝까지 빠른 속도로 살펴봅니다. 이 책의 콘셉트를 어떻게 잡을지 자문해 가면서요. 일종의 기초 공사라 할 수 있죠. 이것이 탄탄히 이루어져야 이후의 과정도 쉽게 허물어지지 않습니다. 콘셉트를 어떻게 잡느냐에 따라 본문 구성이 달라집니다. 판형과 본문 디자인도 달라지고, 심지어 서체와 글자 크기도 영향을 받습니다. 제목도 표지 디자인도 콘셉트에 좌우되지요. **편집 과정에서 설정된 콘셉트가 흔들림 없이 일관성 있게 유지되어야 출간 이후 독자와 만나는 마케팅 과정까지 탄탄해질 수 있습니다.**

그렇다면 콘셉트란 무엇일까요? '책의 콘셉트를 잡는다'는 건 무슨 의미일까요? 누군가가 여러분에게 "딱 한마디로 자기소개를 해 보세요"라고 하면 뭐라고 하시겠어요? 나를 가장 잘 어필할 수 있는 한 단어 또는 한 구절이 무엇인지 생각해 봐야겠죠? 책의 콘셉트를 잡는 것도 그와 비슷합니다. "이 책을 소개할 때 가장 어필하고 싶은 것 딱 한 가지만 말해!" 이에 대한 대답이 바로 책의 콘셉트라고 저는 생각합니다.

물론 콘셉트에도 여러 유형이 있습니다. 우선 '최초'를 강조하는 콘셉트입니다. "이 인물에 관한 자료를 총망라하여 쓴 최초의 평전!", "한국어로는 최초로 번역된 책!", "서양인이 부른 국호를 통시적으로 정리한 책은 그동안 없었다!"처럼요. 책이 지닌 '권위'를 내세우는 것도 흔한 방법이지요. "세계적으로 가장 학술적 권위가 높은 세계사 시리즈"라거나 "우리나라의 세계적 석학이 쓴 책" 같은 식이죠. 여러분이 읽고 계신 이 책은 "역사책 편집자가 처음 들려주는 역사책 만드는 법" 정도로 콘셉트를 잡으면 될까요? '가치'를 부각시킬 수도 있겠지요. "많은 사람이 '전통'이라고 알고 있는 것들이 사실은 근대 이후에 만들어진 것이라는 메시지를 주고자 한다"라든지 "그동안 야만적인 정복자의 이미지로 각인된 칭기즈 칸의 근대 기획자적 면모를 강조하고 싶다"라든지요. 광해군을 소재로 하더라도 "광해군은 탁월한 외교를 펼친 군주"라는 측면을 강조하는 책이 있는가 하면 "그럼에도 불구하고 광해군은 실패한 군주"임을 강조하는 책도 있을 수 있겠지요.

콘셉트를 설정했다면, 이제는 원고를 처음부터 끝까지 정독할 차례입니다. '필자와 대화를 나누는 단계'라고 볼 수 있죠. 편집자가 메모한 원고가 필자에게 넘어가고, 필자가 편집자의 메모에 답하면서 최종 원고를 완성하게 됩니다.

이 단계에서는 철저하게 내용 위주의 점검이 이루어져야 합니다. 띄어쓰기와 맞춤법, 부분적으로 문장을 읽기 좋게 또는 아름답게 바꾸는 것은 최종 원고가 확정된 뒤 교정 단계에 할 일이죠. 지금은 아직 초고 단계에 불과하고 내용에 변화가 생길 여지가 많은 시점이기 때문에, 지엽적인 교정에 정신이 팔리면 안 되겠습니다.

한글 파일에서 원고를 읽어 가다가 필자에게 할 이야기가 생기면, 저 같은 경우는 오른쪽 마우스를 클릭하고 '메모 넣기' 창을 띄워 메모를 합니다. 전체적인 구성과 장, 소절에서 단락, 문장, 구절, 어휘에 이르기까지 저자에게 질문할 사항이나 수정 요청 사항을 세세히 기록하는 거죠.

가장 먼저 검토할 부분은 원고 전체의 목차 구성입니다. 편집 프로세스 가운데 이 부분이 가장 어렵지만, 그래서 다른 한편으로는 재미있기도 합니다. 대개의 경우 목차는 크게 '들어가며', '본문', '나오며'의 삼단 구조입니다. 본문은 몇 개의 장으로 이루어지겠지요. 역사책이니 장은 시간순으로 배열하는 것이 보통이지만, 책의 성격에 따라 인물이나 사건을 유형별로 분류하여 목차를 짜기도 합니다.

이 정도의 기본 틀은 저자가 짜 놓은 목차를 대체로 따라가 주면 됩니다만, 검토 과정에서 저자에게 부분적인 수정이나 보완을 요구하는 경우도 있지요. 전체적인 논지 전개상 반드시 필요한데 누락되었다고 판단된다면 새로운 장을 추가해 달라고 요청합니다. 다만 필자가 그 요청에 응답할 수 있는지 잘 살펴보고, 애초에 실현 불가능한 요청이면 강요하지 말고 물러서는 것이 좋습니다. 그와 반대로 '이 얘기가 여기에 왜 끼어들었지?' 싶은, 다소 생뚱맞아 보이는 장이 나오기도 합니다. 전체 논지상 불필요해 보인다면 필자에게 그 부분을 덜어 내자고 제안해야 할 텐데요, 이 역시 최대한 조심스럽게 언급해야겠지요. 저자가 많은 시간을 들여 사료를 번역하고 해석하고 연구해서 쓴 부분이니 막상 덜어 내자고 하면 서운한 마음이 들거든요. 아깝다고 해서 무조건 욱여넣어서도 곤란하지만, 그 내용 자체는 너무 훌륭하다고 생각되면 살려 낼 다른 방도가 있습니다. 그 이야기는 뒤에 가서 다시 하겠습니다.

편집자가 목차 구성에 처음부터 능동적으로 참여하는 경우도 종종 생기는데요, 특히 연재 원고일 때 그렇습니다. 필자가 애초부터 단행본 출간을 염두에 두고 미리 짜 놓은 목차에 따라 한 편씩 연재했다면 연재가 끝난 뒤에 순서 그대로 엮어 책을 내면 그만이지만, 사실 그런 경우는 흔치 않습니다. 애초에 가목차를 짜 두었더라도 연재를 하다 보면 추가하고 싶은 내용이 생기기도 하고, 막상 써 보니 글이 안 나오거나 분량이 부족해서 포기하거나 연재 순서를 뒤로 늦추는 경우도 생깁니다. 역사 원고는 시간순으로 연재하는 것이 가장 좋겠지만, 조선 시대에 관한 테마를 한창 연재하던 중에 갑자기 사회적으로 특별한 이슈가 생겨 여론에 호응하는 차원에서 갑자기 고려 시대 테마를 싣게 되는 경우도 있죠. 연재가 다 끝난 뒤에 원고를 취합해 보면 애초의 계획과 동떨어져 있기도 합니다. 그래서 연재 원고를 단행본으로 펴낼 때는 새로운 구성을 고민해 보아야 하는데요, 저는 이 과정을 무척 즐기는 편입니다.

『그림 속의 음식, 음식 속의 역사』(주영하, 사계절, 2005)는 잡지에 연재된 글을 엮어 펴낸 책입니다. 원고 검토 단계에서는 CJ 사보 『생활 속의 이야기』에 동명으로 연재되었던 24편과 다른 잡지에 실린 1편을 합쳐 총 25편을 대상으로 삼았습니다. 원고를 살피며 내용을 분류해 보니, 고구려 고분 벽화를 다룬 2편 말고는 모두 조선 후기의 그림이며 대부분 풍속화였습니다. 콘셉트를 '그림으로 보는 한국 음식의 역사'로 잡기에는 무리가 따랐지요. 그래서 고구려 고분 벽화 원고를 과감히 포기하고 '풍속화를 통해 본 조선의 음식'으로 범위를 좁혀 콘셉트의 밀도를 높였지요.

이제 이들을 가지고 목차를 짜야 했는데요, 참 다양한 방식으로 구성을 시도해 보았습니다. 가장 먼저 떠올린 것은 시대순 구성입니다. 이 원고는 풍속화가 주연인 셈이니 그림이 그려진 시대순으로 쭉 나열하면 어떨까 생각해 보았지요. 그러나 조선 후기의 그림 23점 가운데 근대적 화풍으로 그려진 4점만 분리가 가능할 뿐 나머지 풍속화는 작품이 나온 순서를 명확히 파악하기가 대단히 어렵다는 사실을 금세 깨달았어요. 그다음으로는 일상생활을 그린 그림과 잔치를 묘사한 그림으로 나누어 볼까 했는데, 그렇게 하자니 양쪽 다 해당되지 않는 그림이 적지 않았습니다.

며칠을 헤맨 기억이 나는데요, 막상 찾고 보니 답은 의외로 가까이에 있었습니다. 이 책의 콘셉트는 '음식을 통해 조선 시대 사람들 이야기를 들려 주겠다'인데, 그 점을 간과했음을 뒤늦게 깨달았던 겁니다. 이 책의 주인공이어야 하는 '음식과 사람'을 기준으로 삼았으면 되는데 그동안 엉뚱한 곳에서 헤매고 있었지 뭡니까.

그리하여 23편의 그림을 크게 4부로 나누었습니다. '서민의 음식 풍속', '궁중의 음식 풍속', '관리의 음식 풍속' 이렇게 신분(계층)별로 분류하고, 근대적 화풍으로 그린 4점은 따로 뺐지요. 마지막 4부가 세 개의 부와 어울리지는 않지만 '근대의 시선으로 그린 그림'이라는 뚜렷한 개성을 살리는 것이 좋겠다고 판단했습니다.

같은 소재를 다루는 책이라도 어떤 분야적 성격을 부여하느냐에 따라 목차가 달라질 수 있습니다. 『협상의 전략─세계를 바꾼 협상의 힘』(김연철, 휴머니스트, 2016)은 세계사의 유명한 20가지 협상의 명장면을 다룬 책입니다. 『한겨레21』에 연재했던 원고 20꼭지를 저자가 출판사에 보내와서 출간이 결정되었고, 같은 팀 후배가 편집을 맡았지요. 저는 출간된 이후에야 차근차근 살펴보았는데요, 이 책 역시 목차 구성이 만만치 않았겠다 싶었습니다.

가장 쉽게 떠올릴 수 있는 방법은 협상을 시간순으로 정리하는 겁니다. 뮌헨협상(1938)부터 콜롬비아 평화협상(2012)까지 사건 발생 순서대로 목차를 짜는 거죠. 시간이라는 객관적 기준이 있기 때문에 참으로 편리한 방법이고 그렇게 하면 딱히 문제 될 것이 없어 보입니다. 그러나 담당 편집자는 어려운 길을 택했습니다. 그 이유는 이 원고가 다루는 내용이 '20가지 협상을 통해 세계사를 보자'는 측면보다는 '세계사의 주요 협상을 통해 협상에 어떤 전략으로 임해야 하는지 알아보자'는 측면이 강했기 때문입니다. 즉 분야로 보면 역사보다 정치나 외교에 가까운 원고였던 거죠. 그래서 시간순이 아닌 다른 방식의 목차를 고민한 끝에 '1부 인내의 힘, 2부 인정의 가치, 3부 양보의 역설, 4부 화해의 기술'로 틀을 짜고 내용상 어울리는 장을 각각 5개씩 배치했습니다. '협상의 전략'을 소개하는 책이니까 협상할 때 어떤 자세와 태도가 필요한가를 염두에 둔 구성이었죠.

원고를 검토하면서 협상을 성격별로 분류하고, 각 성격을 일정한 부 제목으로 표현하고, 각 부별로 관련 있는 장을 5개씩 균일하게 배치하느라 머리가 지끈지끈했을 겁니다. 하지만 이러한 목차 구성이 책의 전체 콘셉트를 확연히 드러내면서 독자의 구매력도 높이는 데 큰 도움이 되지 않았을까 하는 생각이 듭니다.

한편 학술서에서는 편집자가 개입할 여지가 크지 않습니다. 필자가 구성해 놓은 것을 대체로 따르면 됩니다. 다만 가독성을 높이기 위해 구성을 다듬는 작업은 필요합니다. 전체 구성이 너무 복잡한 경우가 많거든요.

예컨대, 전체 4부에 각 부마다 3~4개의 장으로 이루어진 원고가 있습니다. 그런데 장마다 또 절이 몇 개씩 있고 절이 다시 몇 개의 소절로 나누어져 있습니다. 소소절이 있는 경우도 종종 있죠. 이렇게 원고를 잘게 나누고 여러 층위의 단계를 두면 가독성에 심각한 문제가 생깁니다. 부–장–절–소절–소소절 등 단계가 너무 많은 책을 읽다 보면, 미로에 빠져 내가 어디에 있는지 헤매기 십상입니다. 기호들이 다 그게 그거 같거든요. 부에는 보통 I, II, III, IV, 장은 1, 2, 3, 4, 절은 (1), (2), (3), (4), 소절은 1), 2), 3), 4), 소소절은 가, 나, 다, 라(또는 ㄱ, ㄴ, ㄷ, ㄹ) 이런 식으로 넘버링을 하는데요, 이런 책을 읽다 보면 혼동의 단계를 넘어 짜증의 단계에 도달할 때도 있습니다.

독서를 할 때는 내가 읽고 있는 부분이 전체의 어디쯤인지 수시로 파악할 수 있어야 합니다. 그래야 독서를 안정감 있게 할 수 있으니까요. 전체 구성은 단순할수록 좋습니다. 장–절 2단계 구성이나 부–장–절 3단계 구성이 적당해 보이는군요. 제가 쓴 『중국사 편지』(책과함께어린이, 2011)는 16개 장에 각 장마다 3~4개의 절이 있는 구성입니다. 부로 묶지는 않았으니 장–절 2단계 구성이죠. 『그림 속의 음식, 음식 속의 역사』나 『협상의 전략』은 부–장–절 3단계 구성입니다.

애초에 4단계나 5단계로 구성된 원고라도 무조건 그대로 따르기보다는 단순화하는 것이 가능한지 따져 보아야 합니다. 가능하면 소절과 소소절은 구분을 없애고 한 덩어리로 절에 배치하는 것이 좋습니다. 그럴 경우 소절과 소절 사이, 소소절과 소소절 사이의 연결이 이상해지지 않을까 걱정이 되지만 해결하기 그리 어려운 문제는 아닙니다. 앞뒤 단락의 내용과 표현을 일부 조정하면 매끄럽게 연결할 수 있습니다. 물론 너무 억지로 할 필요는 없습니다. 연구자가 주로 보는 학술서라면 가독성보다는 필자의 스타일을 존중해 주어도 큰 문제는 없습니다.

다만 각 부마다 또는 각 장마다 구성이 들쑥날쑥한 것만큼은 피해야 합니다. 하나의 원고인데 어떤 장은 절로만 구성되고 어떤 장은 소절이나 소소절 단계까지 구분된다면, 되도록 통일시켜 주는 것이 좋습니다.

이와 같이 원고를 검토해서 필자(또는 역자)에게 보내면, 편집자가 메모로 질문하거나 수정 요청한 것에 답하여 내용을 고친 파일이 얼마 뒤에 돌아오겠죠. 살펴보면 편집자의 요청을 수용한 부분도 있고 수용하지 않은 부분도 있을 겁니다. 그런 내용을 반영해서 원고를 다듬습니다. 편집자가 보기에 납득하기 어려운 부분이 있다면 한 번 더 판단해 봅니다. 편집자 의견을 필자에게 다시 보낼 것인가(즉 앞의 과정을 한 번 더 거칠 것인가), 당장 시급한 사항이 아니니 이후 교정 단계에서 해결하기로 하고 그냥 넘어갈 것인가?

아무튼 이러한 과정을 거쳐, 드디어 최종 원고가 완성되었습니다!

최종 원고의 편집 과정

과거와 현재의 차이를 드러내는 방법

도판 배치

최종 원고가 완성되는 과정에서, 본문 텍스트 이외에도 편집자가 고민해야 할 요소들이 있습니다. 독자들이 본문을 읽을 때 도움을 주는 보조 자료인 도판, 역사 지도, 부연설명 등인데요, 가장 먼저 도판 배치 문제를 살펴보겠습니다.

도판 배치에도 전략이 필요합니다. 우선, 연구자가 주로 읽는 역사책이라면 굳이 도판이 필요 없습니다. 그냥 텍스트만 있어도 충분하죠. 전문가나 역사 마니아는 대개 텍스트에 집중하는 독서를 합니다. 책장을 넘기다가 본문 내용과 관련 있는 도판이 나와도 대개는 시선을 주지 않죠. 텍스트 읽기를 멈춤 없이 이어 나가고 싶거든요. 책을 만드는 출판사의 입장에서도 비용 대비 효과의 문제가 있습니다. 학술서의 시장 규모를 감안하면, 텍스트 이외에 도판을 만들고 배치하는 비용을 따로 책정하기란 쉽지 않죠. 내용상 반드시 필요한 자료라면 필자가 원고를 보내면서 함께 보냈을 테고, 그것만 잘 배치해도 충분할 것입니다.

교양서라면 이야기가 좀 다릅니다. 도판을 배치하면 독자들이 내용을 이해하는 데 어떤 식으로든 도움이 됩니다. 본문을 읽을 때 같은 지면에 배치된 도판을 참고하면 역사를 좀 더 생생하게 느낄 수 있습니다. 그렇다면 관건이 되는 것은 도판을 넣을지 말지보다 어느 정도 비중으로 어떤 내용의 도판을 배치할까, 이 문제겠지요?

책의 콘셉트와 독자층에 따라 또 편집자와 필자의 성향에 따라 달라지겠지만, 제가 생각하기에 **좋은 도판은 텍스트를 살려 주는 도판, 즉 텍스트의 내용을 부연해 주는 도판**입니다. 다만 도판은 남발하지 말고 최소한으로 넣었으면 해요.

예를 들어, 본문에 "태조 이성계가 세상을 떠나서 건원릉에 묻혔다"는 내용이 있다고 해 보죠. 독자를 위해 본문에 건원릉 사진을 배치해 볼까요? 하지만 "아, 왕의 무덤이네!" 하는 정보 이상의 의미는 없어 보입니다. 이럴 경우 굳이 넣을 필요가 없어요. 그런데 본문에 이런 내용이 부연되어 있다면요? "……건원릉의 봉분에는 보통의 왕릉처럼 푸른 잔디가 아니라 억새가 가득 덮여 있다. 이성계 말년의 쓸쓸함을 보여 준다." 그렇다면 건원릉 사진을 보여 줄 명분과 필요가 생기지요. 억새가 잘 드러나게 찍은 사진을 넣어 주면 독자들이 "정말 그러네? 신기하다!"라며 구체적인 반응을 보이겠지요. 성공적인 도판 배치입니다.

역사책을 보다 보면, 어떤 인물을 설명하는 글 옆에 그 인물의 초상화가 들어가 있는 경우가 종종 있습니다. 이성계를 설명하고 있다면 이성계의 초상화가 배치되었겠지요. 그러나 본문에서 이성계의 얼굴 생김새나 초상화에 대한 별도의 설명이 없는데도 이성계가 본문에 나온다는 이유로 초상화를 집어넣는 것은 (없는 것보다는 낫지 않느냐고 할 수도 있겠지만) 제 생각에는 지면 낭비일 뿐입니다. 그 초상화를 통해 이성계의 성격이랄지, 그 시대 왕의 복식이랄지(예를 들어 이성계는 조선 시대 왕인데 왜 파란색 용포를 입고 있나?), 하다못해 이성계의 관상이 어떻다든지 등 초상화 자체가 주는 정보가 있다면 모를까, 또는 이 초상화의 미술사적 의미를 설명해 줄 수 있다면 모를까, 도판 캡션에 '태조 이성계의 초상화'라고만 해 두는 건 정말 무의미하죠.

또 하나, 배치하려는 도판이 책의 콘셉트와 잘 맞는지도 신경 써야 합니다. 도판의 내용만 볼 것이 아니라 그 도판이 어떤 의도로 제작된 것인지 원작자의 의도를 파악하고, 그것이 내가 편집하는 책의 콘셉트와 잘 어울리는지 봐야겠죠.

예를 들어 '유럽의 아메리카 침략사'를 비판적으로 서술한 원고라면, 피가로가 잉카 제국을 멸망시키는 모습, 유럽인이 아메리카 원주민을 동원해 유럽으로 가져갈 자원을 약탈하는 장면, 포토시 은광에서 아메리카 원주민이 노예처럼 부림을 당하는 장면, 아프리카 노예를 선박에 '태운' 것이 아니라 빈틈없이 차곡차곡 '실은' 참혹한 모습 등을 담은 도판이 어울리겠죠. 아메리카에 도착한 콜럼버스가 원주민 앞에서 의기양양해하는 모습을 담은 유럽인 시각의 도판도 활용 가능합니다. 당시 유럽인이 아메리카를 어떻게 인식했는지를 보여 주니까요. 다만 이 경우에는 적절한 캡션 설명이 필요합니다.

외서를 만들 때는 고민의 폭이 크게 줄어듭니다. 책에 들어 있는 도판을 저작권사에서 보내 줄 테니 해당 위치에 잘 맞추어 배치하면 그만입니다. 다만 외서라 하더라도 편집자가 개입할 여지는 있습니다. 원서의 캡션이 소략하다면 편집자가 보강할 수도 있습니다. 도판의 어떤 부분을 상세하게 설명해 주고 싶다면 간단한 해설을 추가하는 것도 방법이겠죠.

『목간과 죽간으로 본 중국 고대 문화사』(도미야 이타루, 임병덕 역, 사계절, 2005)는 제목에서 짐작할 수 있듯이 본문에 목간과 죽간 자료가 많이 인용됩니다. 저는 이 책의 원서 편집이 퍽 마음에 들었습니다. 목간과 죽간의 내용을 정리해서 본문에 실은 것으로 끝내지 않고 실제 목간과 죽간의 모습을 도판으로 보여 주었거든요. 그러면 독자는 목간과 죽간이 발굴되어, 거기에 쓰여 있는 글자들이 해석되는 전반적인 과정을 이해할 수 있죠. 텍스트와 도판의 유기적 결합이 잘 이루어진 사례입니다.

그럼에도 불구하고 아쉬운 점이 있었는데요, 도판의 해상도가 높지 않아 목간과 죽간에 쓰인 글자가 육안으로 잘 보이지 않았습니다. 게다가 해당 분야 전문가가 아니고는 독해하기 힘든 글자가 쓰인 도판도 적지 않았죠. 그래서 편집 과정에서 목간과 죽간 바로 옆에 원문을 타이핑해 배치함으로써 독자의 이해를 도왔습니다. 물론 역자가 전문 연구자이기 때문에 가능했던 일이죠.

도판이 엑스트라나 조연에 머물지 않고 주인공이 되는 책도 있습니다. 앞서 살펴본 『그림 속의 음식, 음식 속의 역사』 같은 책이죠. 23개 장 모두 풍속화가 출발점입니다. 그림을 벽에 걸어 두고 이야기하듯이 풍속화를 상세히 묘사하며 전반적인 설명을 해 주고, 그다음에 풍속화에 등장하는 음식을 가지고서 본격적으로 조선 시대의 역사를 풀어 나가죠.

이 책에서 편집자는 텍스트와 도판의 밀착성을 가장 중시했습니다. 독자가 어떤 대목을 읽고 있을 때 그 설명에 해당하는 그림이 바로 딱 나타나는 느낌이 들 정도로 밀착시키고 싶었죠. 각 장이 시작되기 전에 해당 풍속화의 전체 그림을 배치하긴 했는데요, 이렇게만 하고 끝내면 본문을 읽을 때 책장을 수시로 왔다 갔다 하느라 불편할 수밖에 없습니다. 본문에서 설명하는 부분이 그림의 어느 부분인지 찾는 것도 번거로운 일이겠지요. 본문을 읽을 때 맥이 자주 끊어져 내용에 집중하기도 어렵겠고요. 그래서 본문에서 언급하는 부분을 그림에서 잘라 내서 해당 내용에 최대한 밀착시켜 배치하거나, 작은 부분을 큰 맥락 속에서 보아야 할 때는 전체 그림을 배치하고 해당 부분에 일정한 표시를 하는 방식을 사용했지요.

역사책은 기본적으로 과거의 인물과 사건을 다룹니다. 그러나 예나 지금이나 사람 살아가는 모습은 거기에서 거기죠. 본질적인 차이는 거의 없습니다. 지금처럼 옛날 사람들도 밥 먹고 옷 입고 집 짓고 살았고, 공부를 하거나 일을 했고, 종교와 여가 생활을 했고, 국가는 정치 행위를 하고 전쟁을 치렀습니다. 텍스트만 읽다 보면 내가 과거의 일을 접하고 있는지 지금 시대를 읽고 있는지 헷갈릴 때도 있지요. 그래서 **역사책을 역사책이게 하는 장치가 필요한데요, 그것이 바로 도판입니다.** 박물관에 전시된 옛사람이 쓰던 물건, 역사 유적의 옛 건축물 사진, 옛 그림을 본문과 함께 배치하면 과거와 현재의 차이가 시각적으로 확 느껴지죠. 도판 운용을 통해 역사책을 더욱 역사책이게끔 만들 수 있다는 사실을 기억하시면 좋겠습니다.

〔 7 〕
시간이 달라지면 공간도 달라진다

역사 지도 편집

제가 만든 책 가운데 가장 대표적이면서 가장 많은 공력이 투여된 책이 사계절출판사에서 펴낸 '아틀라스 역사 시리즈'입니다. 이 시리즈는 한국사를 비롯해서 세계사, 중국사, 일본사, 중앙유라시아사까지 총 다섯 권으로 구성된 시리즈물입니다. 저는 이 가운데 『아틀라스 중국사』(2007), 『아틀라스 일본사』(2011), 『아틀라스 중앙유라시아사』(2016)를 직접 편집했습니다.

이 책의 콘셉트는 아주 간단합니다. "지도를 통해 역사를 읽는다!" 당시 "그동안 시간에 갇혀 있던 역사를 공간으로 해방시켰다"라는, 지금 생각해 보면 다소 센(?) 문구를 만들어 홍보했던 기억이 나는데요. 어쨌든

이 책의 주인공은 역사 지도입니다. 권마다 100개 안팎의 장이 있으며, 각각의 장은 펼침면 두 페이지에 하나의 주제를 다루는 구성입니다. 장 제목 아래로 원고지 8매 분량의 텍스트가 들어가고, 그와 함께 역사 지도가 보통 한두 컷에서 많게는 서너 컷까지 배치됩니다. 그리고 역사 지도가 다 보여 주지 못하는 시대상을 보충하기 위해 도판, 표, 그래프도 한두 컷 들어갑니다. 독자는 텍스트와 역사 지도를 오가면서 책을 읽게 되는데요, 맨 첫 페이지부터 차례대로 읽어 나가는 것이 보통이지만, 사전처럼 책장에 꽂아 두었다가 역사 지도를 참고할 일이 있을 때만 꺼내 펼쳐 보아도 무방합니다. 역사 개설서이면서 역사 부도의 역할을 할 수 있는 책이죠. 저는 이 시리즈를 여러 권 편집해 본 덕에 역사 지도에 대해 다양한 고민을 할 수 있었습니다.

역사 지도 한 컷을 그리는 일은 한 편의 글을 쓰는 일과 매우 비슷합니다. 책을 쓸 때 참고문헌이 필요하듯 역사 지도를 그릴 때에도 기존의 다양한 역사 지도를 참고해야 하죠. 먼저 내가 만들고자 하는 역사 지도와 내용상 가장 흡사한 지도를 찾아봅니다. 딱 맞아 떨어지는 지도라면 디자인만 새롭게 해서 그대로 사용하고 출처를 밝히면 됩니다. 하지만 내용상 차이가 있거나 결이 다른 경우가 대부분이죠. 그러므로 편집자는 역사 지도를 편집하는 방법을 알아 둘 필요가 있습니다.

그럼, 역사 지도를 한번 그려 볼까요? 어떤 역사 지도든 공통적으로 갖추어야 하는 요소가 있습니다. 가장 중요한 요소는 **국경선**입니다. 과거나 현재나 지구상에는 수많은 국가가 존재했고, 국가와 국가 사이에는 국경선이 존재했습니다. 국경선은 지도의 뼈대와 같은 존재이기에 지도가 나타내고자 하는 시대의 국가 간 경계를 잘 드러내야 합니다. 다만 전통 시대의 경우 특정 시기의 국경선을 고증하는 것이 쉽지 않은데요, 이때에는 선보다는 그러데이션 처리를 하는 것이 나을 수도 있습니다.

국경선과 함께 뼈대 역할을 하는 것이 또 있습니다. 바로 **자연환경**이죠. 강, 산, 바다 등 각국의 가장 기본적인 자연 요소를 지도에 표기함으로써 중간 뼈대로 삼는 겁니다. 지금도 그렇습니다만, 교통이 발달하지 않았던 과거에는 자연환경이 대단히 중요한 요소였습니다.

그리고 가장 작은 뼈대 역할을 하는 것이 **지명**입니다. 당연히 당대의 지명을 표기해야 하지만, 현재의 지명도 병기해 주면 독자가 이해하기가 더 쉬워지죠. 기본적으로 당대의 각국 수도와 주요 지명은 어느 지도에나 공통으로 표기하는 것이 좋습니다. 그것이 지도를 독해할 때 기준점 구실을 하니까요. '임진왜란과 동아시아 삼국'을 나타내는 역사 지도를 그린다면 당시 한중일의 수도를 표기해야 합니다. 여기에서 강조하고 싶은 것이 있는데요, **공간을 제대로 표현하려면 시간을 제대로 이해하는 것이 중요합니다.** 당시 중국 명나라의 수도는 베이징, 우리나라 조선의 수도는 한성(서울)인데, 일본의 역사를 잘 모르면 일본의 수도를 에도(도쿄)라고 표기하는 오류를 범할 수 있습니다. 일본의 수도가 에도가 된 것은 도쿠가와 막부가 시작되는 1603년 이후이고 그전까지는 교토였으니 이런 점을 잘 살펴야 합니다.

이렇게 국경선, 자연환경, 주요 지명을 표기한 지도를 보통 역사 지도의 **바탕 지도**라고 합니다. 이제 이 바탕 지도를 토대로 다양한 역사 지도를 만들 수 있습니다. 역사 지도의 주제는 무척 다양한데요, 기능에 따라 크게 세 가지로 분류할 수 있습니다.

첫째, 특정 시간을 기준점으로 삼아 당시의 공간 상황을 나타내는 지도입니다. '조선 시대'라는 특정 시기를 기준점 삼아 조선의 도·부·군·현 등 행정구역, 한강을 중심으로 한 수운 교통로, 전국의 서원 분포를 나타낸 지도가 여기에 해당하죠. 19세기를 기준점으로 삼아 중국 청나라의 주요 민중 반란 발생 지역을 표시한 지도, '1919

년 3·1운동 시기' 만세운동 지역을 표시한 지도 역시 마찬가지입니다.

둘째, 이번에는 반대의 경우인데요, **어느 특정한 공간을 기준점으로 삼아서 그 공간에서 시간에 따라 어떤 변화가 일어났는지 보여 주는 지도입니다.** 일본 열도와 한반도를 기준점으로 삼아, 임진왜란 당시 일본군이 일본 규슈 북쪽의 나고야에서 쓰시마 섬을 거쳐 부산에 상륙한 뒤 한성부를 거쳐 평안도와 함경도까지 북상하는 과정을 화살표로 표현하거나, 그에 따른 선조의 파천 경로를 화살표로 표현한 지도가 여기에 해당하죠. 유라시아 대륙이라는 거대한 공간을 기준으로, 유럽사를 뒤흔든 대사건 '훈족의 대이동'을 표현한 지도도 마찬가지입니다. 아관파천에서 대한제국 성립기까지 고종의 동선을 표시한 지도나 위화도회군 당시 이성계의 이동 경로를 나타낸 지도 역시 여기에 해당합니다.

셋째, 시간의 변화와 공간의 변화를 함께 나타내는 지도입니다. 고려 시대~조선 시대 국경선의 변천을 나타내는 지도, 명나라와 청나라의 강역 차이를 보여 주는 지도 등이죠. 경덕궁(덕수궁)의 경우, 고종이 대한제국을 설립할 당시의 궁역과 일제강점기를 거치면서 축소되어 오늘날에 이르게 된 궁역의 크기를 비교하는 지도를 만드는 것도 가능합니다.

자, 이렇게 해서 역사 지도가 완성되었다고 치고요, 마지막으로 반드시 해야 할 일이 있습니다. 역사 지도도 한 편의 글과 마찬가지로 하나의 독자적인 작품이므로 반드시 **제목**이 있어야 합니다. 지도 제목은 다루는 주제의 핵심만 일목요연하게 드러내야 합니다. 제목이 지도의 내용과 따로 놀아서는 안 됩니다.

더욱 중요한 것은 **시간**입니다. 역사 지도는 기본적으로 공간을 드러내는 시각 자료이지만, 그렇기 때문에 역설적이게도 시간이 중요합니다. 어느 나라의 영토를 주제로 역사 지도를 만든다고 가정할 때, 제목에 반드시 시간을 표시해 주어야 합니다. 시간이 달라지면 공간도 달라지기 때문입니다. 지도 제목에 '조선 왕조'라는 말이 들어간다면 '1392~1910년'이라는 시간대가 전제된 것이므로 시간을 별도로 표시할 필요가 없겠죠. '임진왜란'이라는 말이 들어간다면 '1592~1598년'이라는 시간대가 전제되니 역시 별도의 시간 표시가 필요 없고요. 제목 자체가 특정 시간대를 알려 주니까요. 그러나 '조선 시대의 서원 분포'를 나타내는 지도라면 제목에 좀 더 구체적인 시간대를 표시해 주어야 합니다. 서원 분포가 시기별로 다를 수밖에 없으니까요.

한 편의 글처럼 역사 지도에도 목차와 비슷한 것이 있습니다. 바로 **범례**입니다. 역사 지도에는 점, 선, 면뿐 아니라 추상화된 다양한 기호들이 펼쳐져 있는데요, 이들이 각각 의미하는 바를 설명해 주는 장치가 바로 범례죠. 범례는 상세하게 만들어야 합니다. 과히다 싶을 정도로 친절해도 괜찮습니다. 몬드리안의 그림 「빨강 노랑 파랑의 구성」을 전시해 두고 그 옆에 '검은 선은 무엇을 의미하고, 빨간 면, 노란 면, 파란 면은 각각 무엇을 뜻한다'고 설명을 단다면 그야말로 쓸데없는 친절이 될 겁니다. 그러나 역사 지도는 다릅니다. '굳이 이런 것까지 일일이 알려 주나' 싶을 정도로 자세히 설명해 주는 범례가 좋은 범례입니다.

역사 지도는 한 편의 글처럼 하나의 작품이기 때문에 당연히 나름의 **콘셉트**가 있습니다. 이 지도가 독자에게 보여 주려는 것이 무엇인가? 편집자는 역사 지도의 메인 콘셉트와 서브 콘셉트를 명확히 설정하고, 자신이 의도하는 바를 지도 일러스트레이터에게 분명히 전달해야 합니다. 몇 가지 예를 들어 보죠.

중국 한나라의 최대 영토를 나타내는 지도를 보여 주고자 한다면, 한나라 영토가 가장 두드러지게 표현되어야 합니다. 독자들이 한눈에 알아볼 수 있도록 말이죠. 그렇다면 영토의 색을 진하게 하거나(4도의 경우 색을 다르게) 나라 이름의 서체를 차별화하거나 글씨를 상대적으로 키울 수 있겠지요. 한나라가 주연이니 나머지 조연 및 엑스트라 국가는 상대적으로 약하게, 차등을 두어 처리해야겠죠. 그러나 주인공이 흉노인 지도라면 달라야 합니다. 이번에는 흉노의 영역을 지도 중앙으로 배치해야 합니다. 그러면 한나라는 상대적으로 지도의 아랫부분으로 처지게 되겠지요. 한나라와 흉노는 수백 년 동안 각축을 벌였습니다. 그래서 『아틀라스 중국사』와 『아틀라스 중앙유라시아사』 두 책 모두 한과 흉노의 대립을 비중 있게 다루면서 이를 역사 지도로도 표현했는데요, 두 책의 역사 지도를 비교해 보면 확연한 차이가 느껴질 겁니다. 전자는 한나라를 주인공으로, 후자는 흉노를 주인공으로 보고 지도를 만들었기 때문입니다.

전쟁의 전개 과정을 표현하는 지도에도 앞에서 설명한 방법이 적용됩니다. 본문에서 주인공으로 다루는 나라의 전쟁을 나타내고자 한다면, 그 나라의 영역뿐 아니라 그 나라 군대의 이동을 표시하는 화살표도 함께 강조해야 합니다. 주인공 국가의 이동로는 두드러져 보이도록 적색이나 실선으로, 상대국의 이동로는 청색이나 점선으로 표현하는 식으로요.

콘셉트도 중요하지만, 역사 지도에서 가장 중요한 것은 역시 **내용**입니다. 특히 **본문과 역사 지도의 유기적 연관성이 중요하죠.** 역사 지도 제작에 몰두하다 보면 자칫 본문과의 연관성을 간과하기도 합니다. 독자의 본문 이해를 돕기 위해 역사 지도를 만들었는데, 나중에 책이 나오고 보니 둘이 따로 놀고 있는 경우가 왕왕 있죠. 저는 가끔 과거에 만든 역사 지도를 보면 얼굴이 빨개지곤 합니다. 가장 흔한 예가 텍스트에서 언급한 지명이 역사 지도에는 빠져 있는 경우입니다. 뒤늦게 이런 장면을 보면 얼마나 민망한지요. 그래서 역사 지도를 만들 때는 역사 지도 자체를 하나의 작품으로 보고 완결성을 높이는 데 주력하는 것은 물론, 완성한 뒤에는 편집자가 독자의 시선으로 본문과 함께 대조하며 살펴보는 과정을 반드시 거쳐야 합니다.

오케이 교정지를 최종 점검할 때를 생각해 보세요. 처음부터 끝까지 읽은 다음에 각 부문별로도 살펴보잖아요? 제목(부, 장, 절)만 쭉 보고, 하시라만 쭉 보고, 도판 위치와 캡션만 쭉 확인하고 이런 식으로요. 역사 지도를 교정할 때도 마찬가지입니다. 역사 지도는 일견 하나의 그림처럼 보이지만 본질적으로는 여러 개의 필름이 겹쳐 있는 것과 같습니다. 국경선을 표시한 필름, 자연환경을 나타낸 필름, 지명을 표기한 필름, 전투를 표현한 지도라면 진격과 퇴각을 나타내는 필름, 교류를 나타내는 지도라면 이동로나 교통로를 나타내는 필름이 따로 있는 거죠. 이 여러 장의 필름이 겹쳐져서 한 장의 완결된 지도가 되는 겁니다. 그래서 역사 지도를 교정볼 때는 각각의 필름을 분리해서 본다는 마음 자세로 임해야 합니다. 즉 국경선 따로, 자연환경 따로, 지명 따로(지명도 스타일별로 세분화해서), 진격로와 퇴각로, 이동로와 교통로를 각각 살펴봐야 하죠. 저도 처음에 그랬지만, 단번에 모두 보려 하면 오류가 있어도 시야에 잘 들어오지 않습니다. 몇 가지 오류는 꼭 그냥 지나치게 되죠. 역사 지도는 그만큼 예민한 시각 자료입니다.

역사는 시간의 학문인 동시에 공간의 학문입니다. 과거의 인물과 사건 자체는 볼 수도 재현할 수도 없지만, 인물이 활동한 곳이나 사건이 일어난 장소는 지금 우리의 두 눈으로 확인이 가능하죠. 그래서 현장 답사가 중요하지만 책을 읽을 때마다 현장에 갈 수는 없습니다. 도판을 통해 확인할 수는 있지만 현재 그 장소는 과거와는 성격이 달라져 있습니다. 그 간극을 메워 주는 것이 바로 역사 지도죠. 역사책을 편집하면서 역사 지도의 매력에도 한번 빠져 보시기 바랍니다.

독자의 눈높이에 맞춘 정보

부연설명 달기

역사책 편집에서 **주석**은 매우 중요한 요소입니다. 필자가 원고를 집필하는 과정에서 인용한 자료의 출처를 밝히거나 내용상 부연설명이 필요할 때 주석이라는 장치를 사용하죠.

학술 논문이나 학술서의 주석은 대체로 각주 형태입니다. 각주가 들어가면 한 페이지에 두 가지 스타일의 본문이 혼재해 가독성을 떨어뜨릴 수도 있지만, 독자는 상단의 본문 내용이 어떤 근거나 사료적 기반에 의해 쓰였는지 하단의 각주를 보면서 바로바로 확인할 수 있죠. 저자가 본문에서 내린 결론에 배경 설명이 필요할 때에도 각주가 붙곤 합니다.

그러나 일반 독자를 타깃으로 하는 역사책은 사정이 다릅니다. 연구보다는 즐거움이나 지식 교양 쌓기에 중점을 둔 독서이니만큼 독자는 흐름이 끊기는 일 없이 쭉 읽어 내려가고 싶습니다. 그럼, 주석을 아예 빼 버릴까요? 그건 곤란합니다. 저자 입장에서는 출처를 밝히지 않는다면 도덕적으로 오해를 받을 소지가 있고, 독자 입장에서는 주석이 필요한 이가 소수라도 반드시 있기 때문입니다. 이럴 때는 주석을 책의 본문 뒷부분에 배치하는 미주 형식을 취하면 됩니다. 그러면 저자는 원고 집필 과정에서 활용한 자료적 근거를 드러낼 수 있고, 독자는 책을 읽으며 필요할 때만 또는 필요한 사람만 뒷부분을 찾아보는 수고를 하면 됩니다. 저자와 독자 모두에게 가장 무난한 방법이지요.

전문 연구자가 보내온 원고를 보면 주석이 대개 각주 형태입니다. 편집자는 파일 교정까지는 이대로 두고 교정을 봅니다. 이때는 각주로 되어 있어야 본문과 바로바로 맞춰 보며 확인하기 편하니까요. 교정지 단계로 가면 이 책을 학술서로 볼 것이냐 교양서로 볼 것이냐에 따라 다른 선택을 해야 합니다. 학술서라면 전문 연구자나 마니아층이 독자임을 고려해 각주로, 일반 독자까지 아우르는 책이라면 미주로 넣게 되죠.

그러나 눈높이를 더 낮춘 역사 교양서라면 이와 같은 주석의 형식마저 버려야 합니다. 어린이나 청소년 대상 역사서 또는 초급 역사 독자를 대상으로 하는 책이라면, 그리고 굳이 출처를 상세히 밝히지 않아도 된다고 판단되면, 미주 대신 참고문헌 정도만 정리해서 책 뒷부분에 삽입하는 경우가 많죠. 주석이 없으면 본문에 주 번호가 붙지 않아 보기에도 매끄럽고 가독성도 좋아지거든요.

그렇다면 초급 교양서에는 주석이 아예 없을까요? 아닙니다. 스타일이 다를 뿐 '일종의 주석'에 해당하는 무언가가 붙습니다.

편집자가 교정을 보다 보면, 저자의 원고에서 미흡한 부분을 부연설명을 통해 보강하고 싶은 유혹을 강하게 느낍니다. 이때 부연설명이 간단하면 본문에 녹여도 되니 별 문제가 없죠. 그런데 본문에 욱여넣자니 너무 길거나, 기존의 앞뒤 문장과 잘 호응하지 않거나, 본문과 직접 관련이 없지만 추가하면 좋겠다 싶은 내용이라면 어떻게 처리하는 것이 좋을지 고민이 되죠. 이때 사용하는 것이 팁, 박스, 칼럼과 같은 도구입니다.

역사 인물이나 사건 등 고유명사에 대한 한두 줄짜리 간략한 설명을 넣는 것을 보통 **팁**이라고 합니다. 본문에서 부연설명이 필요한 부분에 별도의 기호를 붙인 다음 따로 뽑아내 풀어 주는 것인데, 각주처럼 하단에 넣기도 하고 별도의 자리를 만들어 배치하기도 하죠. 다만 과용은 금물입니다. 독자가 중점적으로 읽어야 하는 내용은 본문인데, 너무 많은 팁을 배치하면 읽기에 부담을 줍니다. 물론 팁을 읽을 필요가 없는 독자는 그냥 지나치면 되지만, 그래도 안정된 독서에 방해 요인이 될 수 있습니다. 팁은 정말 최소한으로 사용해야 합니다. 번역서에 사용하는 옮긴이 주 역시 일종의 팁이라고 할 수 있습니다. 본문 중간에 괄호를 치고 설명을 넣은 뒤 '—옮긴이 주'라고 써 넣는 형식이 많이 보이는데요, 반드시 필요한 설명이라 해도 한창 읽다가 맥이 딱 끊겨서 불편함이 느껴지곤 합니다. 과유불급일 때도 적지 않습니다. 특히 전문 학술서라면 독자의 수준을 감안하지 않은 지나친 친절은 오히려 훼방을 놓는 결과를 낳기도 하죠.

그렇다면 팁보다 더 큰 규모의 부연설명이 필요할 때는 어떻게 할까요? **박스** 형태로 스타일을 잡아 부연설명을 넣고 본문에 배치합니다. 마치 한 컷의 도판처럼 말이죠.

필자는 원고 작성 과정에서 수많은 글을 썼다 지웠

다를 반복합니다. 그러다 보면 그 자체로 완결성이 있는 글임에도 전체 논지에서 벗어나거나, 목차를 수정하는 과정에서 장 전체를 덜어 내야 해서 무용지물이 되는 원고가 항상 생기게 마련입니다. 일종의 '원고 스크랩'인 셈인데요, 그중에서도 특히 사료 독해와 해서에 장시간 공을 들인 글이라면 버리기가 너무 아깝죠. 게다가 본문의 큰 흐름과 관계없이 독자가 알아 두면 좋을 법한 정보일 수도 있고요. 그래서 언젠가는 다른 원고에서라도 써먹을 생각에 따로 저장해 두죠. 이런 원고 스크랩은 편집자가 원고를 검토하는 와중에도 생깁니다. 그 자체만 놓고 보면 재미있거나 의미가 있지만, 전체 논지를 흐리거나 일관성을 무너뜨릴 여지가 있어서 덜어 내야겠다는 판단이 들죠.

이럴 경우에 대비해 **칼럼**이라는 장치를 마련할 수 있습니다. 칼럼 역시 넓게 보면 주석의 한 형식입니다. 독자에게 참고가 되겠다고 판단되는 내용을 본문 중간에 별도의 자리를 마련해서 싣는 거죠. 고속도로의 휴게소 같은 역할이랄까요. 팁이나 박스처럼, 칼럼도 독자가 원하지 않으면 읽지 않고 넘어가도 전체 논지를 이해하는 데 아무런 문제가 없습니다. 독자를 위한 보너스 장치라고 보면 되겠습니다.

한편 팁, 박스, 칼럼의 사용을 집필 단계부터 기획하는 경우도 흔합니다. 제가 쓴 『중국사 편지』를 예로 들어 볼까 합니다. 『한국사 편지』(전5권, 박은봉, 책과함께어린이, 2009)와 '역사 편지 시리즈'로 함께 묶이는 책이죠. 『한국사 편지』는 어린이 독자와 부모 세대에서는 꽤 알려진 책입니다. 『세계사 편력』 아시죠? 옥중의 아버지(네루)가 딸에게 편지로 세계사 이야기를 해 주는 책인데요, 이를 벤치마킹해서 만든 어린이 한국사 통사책이 바로 『한국사 편지』죠. 『한국사 편지』는 다섯 권짜리지만 저는 중국사를 한 권짜리로 써야 했습니다. 국내 어린이 중국사 시장의 사이즈를 감안하면 어쩔 수 없는 일이었으나, 글을 써야 하는 저로서는 머리에 쥐가 날 지경이었죠. 중국사 전체를 쭉 훑어보면 다루어야 할 인물, 시대, 장소, 사건의 후보군이 엄청나게 많은데 그중에서 시대별로 하나씩, 딱 16개만 추려 내야 했으니까요. 그래서 생각해 낸 것이 칼럼과 박스였습니다.

우선 장이 끝날 때마다 한두 쪽짜리 칼럼을 하나씩 덧붙였습니다. 각 시대별로 본문에 버금간다고 생각되는 주제 16개를 칼럼으로 배치하는 거죠. 이렇게 해서 아쉬운 대로 다루는 주제를 32개까지 늘렸습니다. 그에 더해 각 장마다 본문 내에 반 쪽이나 한 쪽짜리 박스를 하나씩 배치했습니다. 박스는 본문 내용을 부연설명하는 도구이면서 그 자체로 완결성 있는 글을 담기도 하죠. 이렇게 함으로써 다소 억지스러워 보이긴 해도 모두 48가지 주제를 다룰 수 있었습니다. 한나라 시대를 다루는 다섯 번째 장을 보면, 본문에서는 실크로드를 위주로 한나라 이야기를 하고, 박스에서는 실크로드를 통해 수입해 온 한혈마 이야기를 했습니다. 그리고 칼럼에서는 역시 한나라를 이야기할 때 빼놓아서는 안 되는 사마천의 『사기』를 다루었지요.

이렇게 주석, 팁, 박스, 칼럼 등 본문을 보충해 주는 다양한 장치에 대해 말씀드려 봤는데요, 저는 이런 생각이 듭니다. 가장 좋은 책은 저자의 모든 생각이 본문 안에 녹아 있고, 독자는 본문만으로 저자와 소통할 수 있는 그런 책이 아닐까. 본문으로 해결을 못 하니 이런저런 군더더기를 붙이게 되고 책이 복잡해지는 거거든요. 특히 어린이·청소년 책을 보면 다양한 요소가 들어가서 화려한 느낌을 주는 책이 각광받는 듯 보이는데요, 독자들이 정말 그런 책을 좋아하는 것인지, 아니면 출판사에서 독자들이 좋아할 거라고 짐작하고 그런 책을 만드는 것인지는 잘 모르겠습니다. 아무튼 본문의 부연설명 장치에 대해서도 다양한 고민과 실험을 해 보세요!

필자와 독자 사이에서 눈치 보기

교정

원고 검토와 필자 피드백을 거치는 사이에 편집자가 별도로 해야 할 일이 있습니다. 디자이너에게 본문 시안을 의뢰해야 하죠. 저는 책 편집을 할 때마다 '본문 시안 의뢰서'라는 것을 작성하는데요, 앞서 작성한 기획서나 집필 의뢰서, 원고 검토 과정에서 정리했던 내용이 그 토대가 됩니다. 본문 시안 의뢰서를 쓸 때는 책의 콘셉트와 타깃 독자를 분명히 하고, 가제목과 목차, 주요 내용을 기재해야 합니다. 디자이너가 살펴보았으면 하는 경쟁 도서나 참고 도서 리스트도 빼놓아서는 안 될 부분이죠.

무슨 일이나 마찬가지지만, 출간 프로세스에서도

시간 안배는 필수입니다. 출간 목표일까지 어떤 변수가 있을지 모르니 시간을 아낄 수 있으면 최대한 아껴 두는 것이 좋습니다. 그런 면에서 본문 시안을 의뢰하는 시점이 중요합니다. 최종 원고가 확정되고 나서 본문 시안을 의뢰하면 자칫 시간을 허비하게 될 수 있습니다. 디자이너가 시안을 잡는 데에 대개 1~2주쯤 걸린다고 보면, 편집자는 그동안 손 놓고 기다리기만 해야 하니까요. 원고 검토가 끝나고 필자의 피드백이 시작되기 전의 어느 시점에 본문 시안을 의뢰해야 합니다. 원고가 최종적으로 확정되지 않은 상태여도, 책의 콘셉트와 원고의 윤곽이 어느 정도 드러난 시점이니 그대로 본문 시안을 의뢰해도 큰 무리는 없습니다.

　　본문 시안이 결정되고, 그 사이에 최종 확정된 원고를 그 틀에 맞게 흘리고, 도판과 지도를 배치하고, 팁·박스·칼럼까지 적절히 넣어 출력을 하면 드디어 교정지가 나옵니다. 편집 프로세스가 새로운 단계에 진입했다는 느낌이 확 들고, 출간이 임박했다는 긴장감도 함께 엄습해 오죠.

　　이제 본격적인 교정 단계에 들어선 겁니다. 책을 만들 때는 대체로 초교, 재교, 삼교까지 세 차례의 교정 단계를 거치죠. 앞서 파일 상태의 원고를 검토하는 과정에서 기본적인 교정을 병행한다면 파일 교정이 초교가 되기도 합니다. 이런 경우에는 첫 교정지를 재교지로 간주할 수 있겠지요. 파일로 초교를 보느냐 그렇지 않느냐, 교정지상에서 교정을 두 번 또는 세 번 아니면 그 이상을 보느냐는 다양한 변수에 따라 다를 수밖에 없습니다. 원고의 질이나 출간 일정을 감안해서 판단해야 합니다.

역사책 교정의 특이점이라면, 1차 사료의 직접 인용문이 많이 나온다는 점입니다. 특히 한국사 책은 한문 사료를 번역해서 직접 인용하는 경우가 많은데요, 한문 번역문은 전문 연구자가 아닌 일반 독자에게는 무척 생경하게 느껴질 수밖에 없습니다. 한 번도 들어 보지 못한 고유명사가 마구 튀어나오고, 문장도 매끄럽지 않아 눈에 거슬리는 경우가 많습니다. 현대어 문법의 기준으로는 틀린 문장도 적잖이 보이죠. 읽다 보면 '좀 과감하게 의역을 했으면 좋았을 텐데' 하는 문장이 자주 보입니다. 어떤 사건의 전개 과정을 드러내는 글이라면 어느 정도 의역을 해도 괜찮습니다. 그러나 그 사건을 놓고 왕과 신하가 토론한 내용이라면, 자칫 의역을 했다가 미묘한 뉘앙스를 놓치거나 말한 이의 의도를 잘못 드러낼 우려가 있습니다. 연구자 입장에서는 의역을 했다가 자칫 오역의 소지가 생기면 전문가의 자질을 의심받을 수도 있겠지요. 그러니 연구자가 번역한 글이 일반 독자에게 복잡하게 느껴지는 것도 아주 이해 못 할 바는 아닙니다. 그렇다면 편집자는 한문 번역문 교정을 어떻게 하면 좋을까요?

저는 두 가지만 확실하게 체크하면 괜찮다고 봅니다. 하나는 **현대의 독자들이 보기에 문법적으로 틀린 문장**입니다. 문법적으로 바르게 수정해야겠지요. 물론 편집자가 함부로 고쳐서는 안 됩니다. 해당 문장을 표시하고 바르게 고쳐 달라고 필자에게 요청해야지요. 편집자가 생각한 수정안을 메모장에 제시해 보는 것도 괜찮은 방법입니다. "선생님, 이렇게 고치면 어떨까요?" 이때 필자는 편집자의 의견을 따를 수도 있고 따르지 않을 수도 있습니다. 편집자가 제시한 수정안에 오류가 보이면 필자가 화를 내지 않을까요? 물론 그럴 수도 있지만, 이내 생각을 긍정적으로 바꾸는 필자도 많이 봤습니다. '내가 번역한 것이 이렇게 오해될 소지가 있구나' 하고 '좋은 깨달음'을 얻는 거죠.

또 하나는 **내용상 이해할 수 없는 문장**입니다. 문장에 생소한 고유명사가 들어 있거나, 어떤 고사를 인용하고 있는데 그 고사를 모르고는 내용을 이해할 수 없거나, 내용이 엄청나게 '철학적'이거나 하면 학계의 전문 연구자 집단 내에서만 소통이 될 뿐 독자는 이해하기 어렵겠지요. 이 경우에는 책의 주요 독자층을 고려합니다. 연구자나 아마추어 역사가가 주로 보는 학술서라면 그냥 두어도 될 것이고, 일반 독자가 보는 교양서 수준의 책이라면 어떤 방식으로든 부연설명 장치가 필요하겠지요. 짧은 글로 설명이 되면 해당 부분에 괄호를 이용해 넣고, 긴 설명이 필요하면 자료 인용이 끝나고 자료 해설을 이어 나가는 부분에 부연설명을 넣도록 필자에게 요청해야 합니다. 그런데 지엽적인 어휘 해설을 추가하는 데 신경을 쓰느라 필자의 논지를 가리거나 왜곡해서는 안 되겠죠. **독자의 입장에서 직접 인용 자료의 내용이 자연스럽게 잘 읽히는가? 그러면서 필자의 논지도 잘 파악이 되는가?** 편집자는 교정 과정에서 이 두 가지를 동시에 충족시켜야 합니다.

'적절한 부연설명'은 직접 인용 자료뿐 아니라 일반 본문에도 필요합니다. 교양서 독자를 위한 역사책이라면 편집자는 그 눈높이에서 문장을 체크해야 합니다. 어려운 문장이 있으면 필자에게 알기 쉽게 고쳐 쓰거나 부연설명을 해 달라고 요청해야죠. 예컨대 책을 읽다 보면 '주지하듯이……'라는 표현을 종종 만나게 됩니다. '주지하다'는 '여러 사람이 두루 알다'라는 의미입니다. 그러니까 필자가 독자에게 '여러분도 다 아시는 내용이지만 굳이 말씀드리자면......' 이런 뉘앙스로 하는 말인데, 사실 독자 입장에서는 필자가 '주지하듯이'라며 풀어낸 내용을 처음 들어 보았거나 잘 이해하지 못할 수 있습니다. 그러면 '이거 나만 여태 몰랐나?' 하고 기분이 상할지도 모릅니다. 그러나 이건 필자의 잘못이 아닙니다. 필자가 몸담고 있는 학계에서는 상식이기 때문에 '주지하듯이'라는 말을 썼을 수도 있고, 일반 대중도 이 정도는 알고 있지 않나 하는 생각을 바탕에 깔고 썼을 수도 있습니다. 그러니 이런 부분에는 편집자가 개입해서 '주지하듯이'를 빼는 것이 좋을지 필자와 상의해야 합니다.

어느 분야나 마찬가지겠지만, 역사책에서 특히 신경 써야 하는 것이 **연도와 날짜**입니다. 2020년대에 살고 있는 우리로서는 '1453년'이라는 연도가 갑자기 튀어나오면 무척 생경할 수밖에 없습니다. "1453년? 그때가 언제야? 고려 시대야, 조선 시대야?" 하는 독자도 있고, 대략 조선 전기쯤이라는 것까지는 아는 독자도 있습니다. 1452년에 문종이 죽고 단종이 즉위했고, 1453년이 '단종 1년'이며 이때 계유정난이 일어났다는 사실을 바로 떠올릴 수 있다면 역사 공부를 꽤 많이 한 독자겠지요.

시간 표기는 역사책에서 대단히, 대단히 중요합니

다. 그것을 기준점으로 삼아 역사적 사건을 이해하게 되기 때문입니다. 자칫 시간을 잘못 표기하면 독자를 대혼란에 빠뜨릴 수 있습니다. 단순 실수로 "453년에 계유정난이 일어나 수양대군이⋯⋯"라는 문장이 나오면 "에구, 1을 빼먹었네" 하고 봐줄 수도 있지만, 역사책으로서의 체면은 말이 아니게 되죠. 더 심각한 문제는 '미묘하게 틀리는' 경우죠. 계유정난이 일어난 해(1453)를 수양대군이 세조로 즉위한 연도와 혼동하여 1455년으로 표기해 버리거나, 1453년을 '단종 2년'이라고 잘못 표기하면 이건 정말 큰일입니다. 이야기 순서 자체가 꼬여 버릴 수 있어요.

시간의 기준을 나타내는 방법으로 **'기년법'**이라는 것이 있습니다. 사전을 보면 "나라나 민족이 역사적으로 경과한 햇수를 계산할 때, 어떤 특정 연도를 기원으로 하여 그로부터 햇수를 세는 방법"이라고 풀이되어 있지요. 우리가 현재 보편적으로 사용하는 '서력'은 예수가 태어난 해를 1년(기원)으로 하는 기년법입니다. 그런데 조선 시대 역사책을 보면 '태조 1년', '영조 32년' 이런 연도가 나오곤 하지요? 우리가 조선 시대 왕 이름을 외울 때 '태정태세문단세 예성연중인명선 광인효현숙경영 정순헌철고순' 이렇게 외우잖아요? '태조', '영조'

등은 임금이 죽은 뒤에 생전의 공덕을 기리어 붙인 '묘호'입니다. 종묘에 신주를 봉안하기 전에 짓지요. 『조선왕조실록』이나 조선 시대 문헌을 보면 묘호를 사용하고 있습니다. 그래서 한국사 연구자는 서력과 함께 묘호를 이용한 기년법을 혼용하죠. 태조가 즉위한 1392년은 '태조 1년' 또는 '태조 원년'이 됩니다. 1398년 태조가 정종에게 왕위를 물려주었는데, 이 경우 1398년은 '태조 7년' 또는 '정종 즉위년'이 되고 1399년이 비로소 '정종 1년(또는 원년)'이 됩니다. 그러나 늘 이렇지는 않습니다. 연산군이 1506년에 폐위되고 중종이 그해에 즉위했죠. 방금 전에 설명한 대로면 1506년은 '중종 즉위년', 1507년은 '중종 1년'이 되어야 할 것 같죠? 그렇지 않습니다. 이번에는 1506년이 '중종 1년'입니다. 연산군은 폐위된 군주이기 때문에 정식 왕으로 치지 않았습니다. 그래서 1506년을 바로 '중종 1년'이라고 한 겁니다. 인조 역시 광해군을 폐위시키고 왕이 되었기 때문에 즉위한 해(1623)가 곧바로 '인조 1년'이 되고요.

그렇다면 우리나라 전근대 시기를 다룬 역사책에서는 어떤 기년법을 사용하면 좋을까요? 묘호 기년법을 혼용하는 연구자가 많지만, 독자는 서력에 익숙할 테니 기본적으로는 서력을 쓰는 편이 좋지 않을까 싶습니다.

다만 그해가 어느 왕의 통치 시기인지, 그 왕이 통치를 시작한 지 얼마나 지났을 시점인지 독자가 감을 잡으면 좋겠다 싶은 경우에는 조선이 건국한 해는 '1392년(태조 1)', 임진왜란이 발발한 해는 '1592년(선조 25)'으로 병기하면 더 좋겠죠.

또 하나 유의할 점이 있습니다. 필자가 원고에 적은 날짜가 음력인지 양력인지 우선 확인해야 합니다. 전통 시대 사람들은 모두 음력을 사용했기 때문에 문헌에도 당연히 음력 날짜를 썼고, 연구자도 그에 따라 음력으로 표기하는 것이 보통이죠. 그런데 여기서 또다시 주의해야 할 부분이 있습니다. 1896년 1월 1일부터는 태양력을 사용했다는 사실을 알고 있어야 합니다. 1895년 11월 16일에서 11월 17일로 넘어가지 않고, 음력에서 양력으로 바뀌면서 바로 1896년 1월 1일이 된 겁니다. 그러니 원고에서 명성황후 시해사건(1895)과 아관파천(1896)을 함께 다루고 있다면 날짜에 촉각을 세우고 잘 살펴봐야 합니다. 그리고 독자들이 혼동하지 않게 날짜 뒤에 (음) 또는 (양)을 적절히 붙여 주어야겠지요.

전통 시대의 역사를 다룬 책은 어휘에 **한자**를 병기해야 할 때가 많습니다. 특히 연구자가 쓴 원고를 보면 한자가 과도하게 병기된 경우가 많은데요, 독자들이 생소하게 느낄 만한 고유명사나 고전 인용구 정도에만 의미 파악에 도움이 되도록 한자를 병기해 주는 것이 좋겠습니다. 불필요한 한자가 너무 많이 들어가면 가독성이 떨어집니다.

하지만 평범한 고유명사라도 한자를 반드시 병기해야 하는 경우가 있습니다. 특히 중국사에서 그런 일이 많지요. 예를 들면 중국에는 우리 한자 발음으로 '진'이라는 이름을 쓰는 나라가 여럿 있었습니다. 춘추 시대의 진晉, 전국 시대 ~ 진나라의 진秦, 위·촉·오 삼국 시대의 뒤를 이은 진晉을 비롯해 남북조 시대의 남조에도 진陳이라는 나라가 있었습니다. 사실 중국인에게는 전혀 문제 될 것이 없습니다. 晉, 秦, 陳은 중국어로 각각 '진'Jìn, '친'Qín, '천'Chén으로 발음하니까요. 그러나 우리 한자 발음은 모두 '진'이기 때문에 한자를 병기해야 하는 것이죠. 물론 등장할 때마다 일일이 병기할 필요는 없고요, 독자들이 보기에 헷갈리거나 오해할 소지가 있는 부분에만 써 주면 되겠죠.

『고려열전』(박종기, 휴머니스트, 2019)은 제가 외주 교정자로 참여한 책인데요, '유청신'이라는 인물을 다루는 장을 교정보다가 다음 대목에서 멈추었습니다. "유청신柳淸臣의 아들 유기攸基는 관직이 판밀직사(종2품)였다."

전혀 오류가 없는 문장인데도 한 가지 신경 쓰이는 데가 있었습니다. 아들 이름을 쓸 때 성을 떼고 이름만 써 둔 부분이었죠. 물론 앞에 아버지 유청신을 언급했기 때문에 그렇게 해도 무방하지만, 혹시 독자들이 읽다가 '성이 '유'이고, 이름이 '기'인가 보다. 어? 그런데 柳와 攸, 한 자가 다른데? 그럼 혹시 표기가 틀린 거 아니야?' 이렇게 오해할까 걱정이 된 거죠. 참 별 걱정을 다 한다 싶을 수도 있지만, 해결 방법이 딱히 어려운 것도 아니어서 다음과 같이 고쳤습니다. "유청신柳淸臣의 아들 유유기柳攸基는……."

　　여기에서 한 가지 강조하고 싶은 것이 있는데요, 교정 과정에서 인터넷 검색을 통해 오류를 확인했다 하더라도 편집자가 임의로 수정을 하면 절대 안 됩니다. 예를 들어, 공자의 일대기를 다룬 원고를 보는데 공자의 출생연도가 '기원전 552년'이라고 되어 있습니다. 인터넷에서 사전을 검색해 보고 "어? 기원전 551년이잖아? 필자가 실수했구나!" 하고 고치면 큰일 날 수도 있습니다. 제가 알기로는 공자가 태어난 해가 '기원전 552년'인지 '기원전 551년'인지 학계에서 여전히 의견이 분분하기 때문입니다. 공자를 전공한 연구자라면 당연히 출생연도에 대한 자신의 견해가 있을 터이니 필자의 견해를 따라야 합니다. 하지만 편집자가 보기에 이 출생연도 논쟁이 그 자체로 재미있고 독자들에게도 좋은 정보를 제공해 준다고 판단된다면, 필자에게 "왜 그렇게 생각하시는지 정리해 주시면 좋겠습니다" 하고 답을 받아서 책에 어떤 식으로든 반영할 수도 있겠지요.

날짜든 한자든 고유명사든, 역사책에서는 무엇 하나 중요하지 않은 것이 없으며 반드시 정확히 표기되어야 합니다. 필자도 이 부분을 엄밀히 해야 하지만, 필자가 오류를 범했다고 해서 속으로 무시하거나 실망하는 것은 바람직하지 않습니다. 집필에 집중하다 보면 간혹 실수가 나오기 마련이니까요. 오류를 지적하는 과정에서도 필자가 무안해하지 않도록 유의하면 좋겠습니다.

{ 10 }

역사책은 저자의 역사가 중요하다

서문과 후기

교정지를 뽑아 두세 차례 교정을 본 뒤에 마지막 교정지를 디자이너에게 넘겼습니다. 디자이너가 작업하는 동안에도 편집자가 할 일은 많이 남아 있죠. 본문의 앞과 뒤에 들어가야 할 요소들을 하나씩 정리해야 하는데요, 일의 순서상 가장 먼저 신경 써야 하는 것은 저자 서문입니다.

서문(머리말)은 사전적 의미로 '첫머리에 내용이나 목적을 간략히 적은 글'이니 제일 먼저 쓰는 것이 원칙적으로는 맞습니다. 그러나 초고 집필을 마치고 원고를 보낼 때 서문도 함께 보내는 저자는 별로 못 봤습니다. 본문 집필에 몰두하는 것만도 벅찬 상황에서 서문에 미리 신경 쓸 겨를이 있을 리 없죠. 또 미리 써 둔다 해도 본문이 항상 그에 부합하게 흘러가는 것은 아니므로 다시 써야 할 확률이 높습니다. 그래서 저의 경우에는 본문을 집필하는 와중에 틈틈이 생각나는 것을 메모해 두었다가 본문 작업을 끝낸 뒤에 서문을 작성하곤 합니다.

편집 프로세스에서 적어도 한 차례 이상은 저자에게 교정지를 보내 검토를 의뢰하게 됩니다. 보통 재교를 보거나 재교에서 삼교로 넘어가는 시점에 의뢰하는데요, 교정지를 출판사로 돌려보낼 때 저자 서문도 함께 보내 달라고 요구하죠. 저자 서문에 특별한 서술 방식이 따로 있는 것은 아닙니다. 저자마다 자기 나름의 방식으로 쓰면 되죠. 그러나 필자가 자신의 개성을 살리되, 기본적으로 반드시 포함시켜야 할 요소들이 있습니다. 이 점을 명확히 요청하고, 입고된 후에 잘 확인해야 하지요.

저자 서문은 본문의 대문에 해당하는 글입니다. 이 책을 쓰게 된 동기, 이 책이 같은 분야의 유사 도서와 어떤 차별점이 있는지를 언급한 다음, 마지막에 개인적 소회와 감사의 말을 넣는 구성이 보통이죠. 이런 내용을 담기에 적합한 그릇은 '역사적' 글쓰기입니다. 저자가 이 책의 본문을 구상하고 집필한 과정을 처음부터 끝까지 독자에게 풀어 주는 것이죠. 다시 말해서, 어떤 문제의식에서 출발했나? 그 문제의식은 어떻게 도출되었나? 어떠한 현재적 고민 속에서 역사적 사건이나 인물을 소환했나? 그 역사적 사건과 인물을 다루기 위해 어떤 노력을 했나? 어떤 사료를 연구했고 학계의 어떤 자료를 검토했나? 그 과정에서 어떤 희열을 느꼈고 어떤 걸림돌에 어려움을 느꼈나? 모든 책에는 짧게는 6개월~1년, 길게는 10~20년 동안 저자가 고민하고 씨름해 온 역사가 있는데, 그 이야기를 허심탄회하게 풀어내는 것이 좋은 서문이라고 생각합니다.

저자 후기는 있는 책도 있고 없는 책도 있습니다. 저자 후기를 배치하는 경우에는 저자 서문을 '들어가며'나 '프롤로그', 저자 후기는 '나오며'나 '에필로그'로 명명하기도 하지요. 학술서의 저자 후기는 본문의 내용을 요약정리하고 향후 연구의 전망을 제시하면서 마치는 것이 보통입니다. 소논문이든 학위 논문이든 논문에서 흔히 사용하는 방식이죠. 교양서라면 굳이 이렇게까지 할 필요는 없습니다. 서문에서 문제의식이나 기존 도서와의 차별성을 충분히 언급했고 본문에서 구체적인 사례를 제시했으므로, 책의 말미에 앞의 내용을 요약하는 것은 동어 반복입니다. 그러니 후기를 꼭 쓰고자 한다면,

글의 전개상 어울리지 않아 넣지 못했지만 독자에게 꼭 하고 싶었던 이야기를 하면 좋을 것입니다. 또는 본문에 대한 결론이라고 하기에는 다소 비약적인 느낌이 드는 생각이나 과감하게 던져 보고 싶은 제안을 하는 것도 좋겠지요. 독자는 저자가 쓴 글의 문제의식과 지식만 얻고 끝내는 것이 아니라 그걸 통해 저마다 새로운 문제의식을 갖게 되니까요.

번역서에는 '역자 후기'가 추가로 들어갑니다. 저도 몇 번 써 봤지만, 역자 후기는 저자 서문보다 더 어렵게 느껴집니다. 책의 의의를 밝히거나 책의 주요 내용을 설명하자니 저자가 서문에서 이미 다룬 내용이라 중복일 수 있습니다. 역자 후기를 청탁할 때는 이 책이 국내에서 소개되는 의미랄까, 국내 독자가 왜 읽어야 하는지를 홍보해 주는 방향으로 써 달라고 하는 것이 가장 무난합니다. 여기에 역자의 개인적 소회라든지 번역에 도움을 준 이들을 향한 짧은 감사 인사 정도를 덧붙이면 좋겠고요.

해당 분야의 전문 연구자가 번역을 한 경우라면 전략적인 고민을 해야 합니다. 동서양 역사고전 번역서라면 역자 후기 정도가 아니라 '해제'를 청탁하는 것이 좋습니다. 사실 청탁을 할 필요도 없습니다. 당연히 써야 하는 것으로 알고 있을 테니까요. 해제는 좀 더 공식적인 글이며 한 편의 학술 논문과도 같습니다. 이 책의 원저자와 본문의 주요 내용을 소개하고, 처음 출간된 이후 현재까지 출판이 어떻게 이루어졌는지 출판사出版史를 정리한 뒤, 이 책의 번역 출간이 가지는 의미와 가치에 대해 언급해야 합니다.

고전 번역서가 아니라 외국 연구서나 일반 단행본의 번역서라 하더라도, 국내의 전문 연구자가 번역한 책이라면 역자 후기가 아닌 '역자 서문'을 넣을 수도 있습니다. 역자가 학계에서 연구자로서 차지하는 위상이나 권위를 고려하여 역자의 글을 전면에 내세우면, 독자에게 이 책에 대한 가이드 역할을 할 뿐 아니라 책 판매에도 도움이 되니까요. 연구자가 아닌 일반 번역가가 번역했는데 전문서 성격의 책이라면, 그리고 그 분야의 권위자가 국내에 있다면 권위자의 추천사를 받아서 저자 서문 앞에 배치하는 것도 좋은 방법이죠.

혹시 '편집자 후기'를 써 보신 적이 있나요? 저는 몇 차례 경험이 있는데요, 대체로 두 가지 경우입니다. 하나는 역자 후기를 의뢰할 즈음 번역자가 잠수를 탄 경우나 도저히 쓸 자신이 없다고 버틸 때입니다. 또 하나는 역자 후기를 받았지만 책에 싣기가 마땅하지 않은 상황이 발생할 때인데요, 앞서 말했듯이 역자 후기는 책을 홍보해 주는 역할을 해야 하는데 역자의 글이 책의 장점을 잘 드러내지 못하거나 오히려 책을 비판적으로 평가하는 경우가 간혹 있기 때문입니다. 역자 후기를 수정, 보완해 달라고 요청했지만 편집자가 원한 방향으로 원고가 돌아오지 않는다면? 국내 독자를 위한 유일한 홍보 채널인 역자 후기를 아예 빼 버릴 수도 없고, 다른 국내 연구자의 추천사라도 받으면 좋겠는데 그것도 여의치 않다면, 부득이 편집자라도 나서서 글을 써야 합니다.

편집자 후기를 싣는다, 여러분은 어떻게 생각하세요? 솔직히 편집자 초년 시절에는 뿌듯함이 있었습니다. 내가 만든 책에 내가 쓴 글이 당당히 실렸다! 순간 내가 작가가 된 기분도 들죠. 그러나 시간이 지나고 생각해 보니, 이게 그리 자랑할 일은 아니었습니다. 어떻게 해서든 번역자가 글을 쓰게 했어야 했고, 책에 긍정적인 방향으로 써 달라고 수정 요청을 해서 관철시켰어야 했지요. 편집자로서 할 일을 제대로 하지 못했기 때문에 변칙적인 방법을 동원할 수밖에 없었던 것이 아닌지 후회가 되기도 합니다.

역사의 뼈대와 줄기

연표와 계보도

역사책에는 저자 후기나 역자 후기 다음 페이지에 배치하면 좋을 요소가 있지요. 바로 **연보**입니다. 책이 다루는 시기를 처음부터 끝까지 시간순으로 정리해서 보여 주는 거죠. 연보를 만드는 가장 좋은 방법은 본문을 활용하는 것입니다. 본문에서 '년', '월', '일'을 검색하면 저자가 언급한 시간을 촘촘하게 걸러 낼 수 있습니다. 그 시간을 순서대로 쭉 나열하고 각 시간대에 일어난 일들을 정리하는 거죠.

연보 정리는 원고 검토가 끝나고 교정지가 나올 무렵에 해 두면 더욱 좋습니다. 교정볼 때 유용한 참고자료가 되거든요. 누누이 강조하지만, 역사책에서 시간의 중요성은 절대적입니다. 연보를 정리하면서, 또 교정볼 때 연보와 대조하는 과정에서 미처 발견하지 못한 연, 월, 일의 오류를 바로잡을 수 있습니다. 그리고 연보 정리를 통해 이 책이 다루는 시간대를 통시적으로 머릿속에 그릴 수 있다면, 편집자로서 책의 내용을 장악하는 데에도 큰 도움이 됩니다. 독자에게 훌륭한 서비스가 되는 것은 말할 필요도 없고요.

그런데 책의 내용이 전체적으로 하나의 인물이나 사건을 주제로 하는 것이 아니라 장별로 다른 인물, 다른 사건을 다룬 것이라면요? 이 경우 책 전체의 온갖 시간을 전부 모아 하나로 기다랗게 만든 연보를 배치하면, 복잡하기만 할 뿐 독자에게 실질적인 도움이 되지 않습니다. 이럴 때는 각 장별로 **연표**를 넣어 주는 것이 좋습니다. 각 장의 도비라나 그다음 쪽, 그러니까 본문이 시작되기 전에 배치하면 독자들이 수시로 확인하며 참고할 수 있죠.

『글로벌 한국사, 그날 세계는』(전2권, 이원복·신병주 외, 휴머니스트, 2016)은 한국사와 세계사의 인물과 사건을 비교하며 이야기를 풀어 나가는 역사 교양서입니다. 각 장마다 비슷한 시기의 두 인물(1권)과 두 사건(2권)을 짝지어 다루기 때문에, 한국사와 세계사의 시간을 비교할 수 있도록 각 장의 맨 앞에 연표를 넣어 주었지요. 시간을 가운데의 중심축으로 놓고 왼쪽에는 한국사, 오른쪽에는 세계사의 내용을 배치했습니다. 이렇게 하면 본문에서 두 저자가 주고받는 한국사와 세계사의 이야기를 비교하면서 쉽게 정리할 수가 있죠.

'아틀라스 역사 시리즈'는 각 권마다 펼침면 두 페이지 분량의 장이 100개 내외 들어간 구성인데요, 장마다 제목 아래의 왼쪽 0.5단에 본문 내용에 해당하는 주요 사건을 연표로 만들어 배치했습니다. 이런 연표가 책마다 100개쯤 있는 거죠. 이 연표만 쭉 살펴봐도 각국사의 전체 흐름을 이해할 수 있지만, 독자들이 그런 수고조차 할 필요가 없도록 각 장의 연표를 모두 종합한 연보를 만들어 책의 앞이나 뒷부분에 배치했습니다. 역사책이라면 연보를 넣는 것이 무조건 좋습니다.

연보나 연표를 만들 때는 본문에 나오는 내용을 주로 활용하면 되지만, 한국사나 세계사의 주요 사건들 가운데 꼭 본문에 나오지 않더라도 넣어 주면 독자에게 도움이 되는 항목이 있습니다. 내가 읽고 있는 인물과 사건 이야기가 전개된 시점의 앞뒤에 누구나 알 만한 주요 사건을 표시해 주면, 그것이 랜드마크 구실을 해서 더욱 폭넓은 역사 이해가 가능하죠. 인류의 탄생부터 21세기 현대까지 한국사와 세계사의 주요 사건을 연표 형식으로 다룬 책들을 참고하면 좋은데요, 저는 『곁에 두는 세계사』(수요역사연구회 엮음, 석필, 2007)를 추천합니다. 한국사, 동양사, 서양사의 흐름을 총망라할 뿐 아니라 정확도도 높아서 편집자가 참고하기에 아주 좋은 자료입니다.

역사책의 특성상 반드시 염두에 두어야 하는 부분이 또 있죠. 바로 **계보도**입니다. 조선 시대의 왕실이나 사대부 가문의 이야기에는 여러 세대의 인물이 등장하곤 합니다. 독자에게는 꽤나 힘겨운 대목이죠. 전문 연구자가 보면 너무나 빤해서 휙 읽고 넘어가는 인물들이지만, 일반 독자는 한 사람 한 사람이 걸림돌이 되어 다음 문장으로 쉽게 넘어가지 못합니다.

계보도 하면 떠오르는 책은 『역사 토크 박시백의 조선왕조실록』(전2권, 휴머니스트, 2017)입니다. 만화 『박시백의 조선왕조실록』(전20권, 박시백, 휴머니스트, 2013)이 완간된 뒤에 저자 박시백 화백, 건국대 사학과 신병주 교수, 인문학 번역가 겸 저술가 남경태 작가, 휴머니스트 출판사 김학원 대표 등이 모여 책의 내용을 토대로 수다를 나눈 것이 『팟캐스트 박시백의 조선왕조실록』이고요, 이 팟캐스트의 녹취를 토대로 만든 책이 바로 『역사 토크 박시백의 조선왕조실록』입니다.

이 책은 총 20개 장으로 되어 있는데요, 각 장마다 펼침면으로 도입부를 만들어 왼쪽 면에는 연표, 오른쪽 면에는 왕실 계보도를 배치했습니다. 계보도에는 각 인물의 생몰 연대와 재위 기간까지 넣었죠. 왕실이든 사대부 가문이든, 가족사는 텍스트보다 계보도를 보는 편이 이해하기에 쉬울 뿐 아니라 그림으로 각인되어 오래 기억할 수 있습니다.

이 책에 나오는 조선 7대 임금 세조~9대 임금 성종의 왕실 가문을 볼까요? 세조에게는 의경세자와 해양대군이라는 두 아들이 있습니다. 그런데 의경세자가 일찍 죽는 바람에 세조의 뒤를 이어 해양대군이 즉위했습니다. 그가 바로 8대 임금 예종입니다. 예종이 일찍 죽자 다시 후사를 세워야 했는데, 예종의 아들 가운데 마땅한 인물이 없었습니다. 그래서 의경세자의 두 아들 중에서 둘째 아들인 자을산군이 왕위에 올랐습니다. 그가 바로 9대 임금 성종입니다. 자, 이 텍스트를 읽고 나서 함께 배치한 계보도를 보면, 계보도가 역사책에서 얼마나 효율적으로 작용하는지 확실히 느껴질 겁니다. 학술서라면 굳이 필요가 없지만, 교양 독자를 위한 책에서는 계보도를 적극 활용하면 좋겠습니다. 실은 계보도를 만들어 놓으면 책 편집에도 도움이 된답니다.

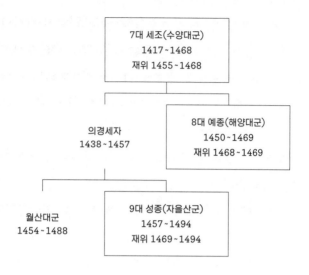

저자 후기와 연보 정리까지 마쳤습니다. 그 뒷자리에는 미주가 있다면 **미주**를 배치합니다. 그다음은 순서상 **참고문헌**이 올 차례죠. 대개 저자 서문을 요청할 무렵에 참고문헌도 함께 정리해 달라고 하는데요, 전문 연구서라면 편집자가 강조하지 않더라도 저자가 충실하게 정리해서 보내 줄 겁니다. 석·박사 학위 논문을 쓴 경험도 있고, 아무튼 이쪽 분야에서 선수니까요. 참고문헌을 정리하는 방법은 여러 가지가 있겠지만, 역사책에서는 가장 먼저 1차 사료를 배치하고, 이어서 단행본, 그다음에 논문을 배치합니다. 부문마다 한글, 한문, 영어 등 언어별로도 구분해야 합니다. 동양 언어는 가나다순, 서양 언어는 알파벳순으로 정리하면 되죠.

　　교양서를 보면 주석은 물론이고 참고문헌도 넣지 않는 경우가 많습니다만, 저는 가능하면 넣어야 한다는 생각입니다. 본문에 들어간 주 번호가 교양서 독자의 가독성을 해칠까 염려된다면, 주는 빼더라도 적어도 참고문헌 정도는 넣어 주는 것이 바람직합니다. 저는 어린이·청소년 대상의 역사책을 쓸 때도 참고문헌을 반드시 넣습니다. 그 참고문헌을 어린이와 청소년 독자가 찾아보고 책을 구해 읽어 볼 확률은 매우 낮지만, 그런 차원이 아니라 내가 참고한 책을 쓴 저자와 그 책을 만든 출판사에 최소한의 예의를 갖추는 의미입니다. 저자라면 어떤 책을 쓰든지 간에 저작권을 침해하지 않도록 각별히 유의해야 하고, 편집자도 꼭 신경 써야 하는 부분이니만큼 참고문헌은 반드시 넣는 것이 바람직합니다.

독자와 편집자를 위하여

색인 만들기

책 편집의 최종 단계에서 제가 가장 중요시하는 것은 **색인** 작업입니다. 책의 성격이나 분량에 따라 다르겠지만 짧게는 하루 이틀, 항목이 500개 이상이면 사나흘도 걸리는 결코 만만치 않은 작업이죠. 색인 작업을 하는 시간은 편집 프로세스 가운데 '가장 정신없는 와중'입니다. 본문의 앞뒤에 들어갈 내용을 바삐 챙기는 와중에 표지는 시안이 늦어지거나 결정이 늦어지고, 출판사 내부에서 겨우 의견을 모았는데 저자가 마음에 안 든다고 하고, 본문에서는 새로운 오류가 계속 튀어나오고, 저자는 이제 와서야 이것저것 고쳐 달라 하고, 이 와중에 손익계산서 뽑아 보고 디자이너와 제작 사양도 확정해야 합니다. 그러다 보니 유혹이 생깁니다. 애초에는 '색인? 당연히 해야지!' 하고 계획했다가도, 막바지 벼랑 끝에 몰리면 '굳이 안 해도……'로 마음이 바뀌기 일쑤죠.

그러나 색인은 넣어도 그만, 빼도 그만인 요소가 아닙니다. 분야를 가릴 것 없이, 그리고 학술서든 교양서든 반드시 넣어야 한다고 봅니다.

색인의 가장 본질적인 기능은 독자 서비스입니다. 없다고 큰일 나는 건 아니지만, 그래도 있는 것이 무조건 낫습니다. 책을 읽다 보면 이런 경험을 늘 하게 됩니다. '어? 이거 분명 앞에서 한 번 나왔던 용어인데, 거기에 자세한 설명이 있었던 것 같은데…… 어디에 있었더라?' 책장을 앞으로 넘겨 바로 찾아내면 다행이지만, 텍스트만 빼곡한 두툼한 책을 읽을 때는 결코 만만치가 않습니다. 이럴 때 색인이 정말 필요하죠.

색인 작업을 강조하는 데에는 개인적인 이유도 있습니다. 역사책을 쓰거나 만드는 일이 직업이라 다른 역사책을 늘 자료 삼아 봅니다. 참고 삼아 볼 때는 보통의 독자들처럼 시간을 가지고 정독하기보다는, 국회도서관 열람실에서 10~20권씩 잔뜩 대출받아 쌓아 놓고 사전 찾듯 필요한 대목만 찾아보죠. 이때 길잡이 역할을 해 주는 것이 목차이지만, 색인이 결정적인 도움을 주기도 합니다. 이처럼 색인은 정독을 하든, 저처럼 사전 찾듯이 읽든 독자 서비스 차원에서 무척이나 중요한 요소죠.

그런데 색인은 독자에게만 쓸모 있는 것이 아닙니다. 편집에도 큰 도움이 됩니다. 색인 작업은 편집자가 그동안의 교정 과정을 최종 점검할 수 있는 기회이기도 합니다. '꼼꼼한 교정'에 자신 있는 편집자들은 어떠실지 모르겠는데요, 저는 색인 작업을 하는 과정에서 꼭 몇 개씩 오류를 발견하게 되더라고요. 색인 작업 안 했으면 큰일 날 뻔했다 싶은 아찔한 경험도 하게 되고요. 정신없는 최종 편집 단계의 와중에도 색인에 집착하는 데에는 독자 서비스라는 측면 못지않게 내 불안을 없애고 싶은 마음도 함께 작용하는 것 같습니다.

색인의 수준이 거의 예술의 경지에 이른 출판사도 있습니다. 그 출판사는 책 한 권을 편집할 때마다 짧게는 한 주, 길게는 한 달 동안 색인 작업을 한다는 얘기를 들었습니다. 너무나도 존경스럽지만 저는 이렇게까지는 해 본 적이 없고요, 제 나름대로 사용하는 방식을 말씀드리겠습니다.

색인 작업을 시작하는 시점은 본문 최종 피디에프 PDF 파일이 나왔을 때입니다. 이걸 토대로 색인 항목을 추출해야 하는데요, 가장 간편한 방법은 PDF 파일을 넘겨 가면서 눈에 띄는 고유명사를 체크해 정리하는 겁니다. 시간은 많이 걸리지 않지만, 좀 찜찜하죠? 중요한 고유명사들이 새어 나갈 확률이 큽니다. 그물망을 더 촘촘히 짤 필요가 있어요. PDF 파일의 텍스트를 복사해서 한글 파일에 옮겨 붙인 다음 고유명사만 남겨 두고 다른 낱말을 삭제하는 겁니다. 이렇게 하면 시간은 많이 걸려도 고유명사를 거의 100퍼센트 걸러 낼 수 있습니다.

이렇게 추출한 항목을 가나다순으로 배열하고, 중복된 것을 정리하면서 색인 항목을 최종 확정합니다. 이 과정에서 벌써 교정상의 오류가 눈에 보이기 시작합니다. 저는 중앙유라시아사 분야의 편집을 자주 하는 편이라 칭기즈 칸과 쿠빌라이 칸 같은 몽골 군주들 이름에 무척 익숙한데요, 색인 항목을 정리하고 보면 '칭기스 칸'과 '칭기즈 칸', '쿠빌라이칸'과 '쿠빌라이 칸'이 마치 다른 사람인 양 제각기 한 자리씩 차지하고 있는 것이 보입니다. 색인 작업을 하지 않았다면 이 상태로 책이 나왔겠지요.

고유명사 중에는 하나의 대상이 여러 이름으로 불리는 경우도 많습니다. 예컨대 몽골 제국은 유라시아를 통합한 제국인데, 그중에서도 현재의 중국과 몽골 초원

지역을 지배한 나라를 별도로 '원나라', '원 제국', '대원 울루스' 등이라 일컬었죠. 저자가 이 명칭을 혼용해서 썼다면 통일시켜야겠죠. 물론 이렇게 자주 등장하는 어휘는 교정 단계에서 해결이 되지만, 딱 한 번 스치고 지나가는 서아시아의 수많은 생소한 나라 이름은 서로 별개의 나라인 줄 알았다가 색인 작업 단계에서 하나의 나라라는 사실을 뒤늦게 깨닫기도 합니다.

외서에서는 원저자가 한 사람을 여러 명칭으로 표기하기도 합니다. 번역자가 그것을 그대로 번역해 놓았다면, 그대로 두어야 하는 경우도 있지만, 하나로 통일하거나 괄호를 통해 다른 표기를 병기해 주어야 하는 경우도 있습니다.

이렇게 해서 색인 항목 정리가 끝나면, 본문 최종 PDF 파일에서 'Ctrl+F'로 창을 띄워 놓고 한 단어씩 넣어서 검색을 하고, 그 단어가 있는 쪽수를 일일이 종이에 적은 뒤 이걸 일일이 타이핑해서 정리를 합니다. 편집자 초년 시절에 색인 프로그램을 이용한 적이 있지만, 기계로 하는 것보다는 일일이 봐 가면서 해야 꼼꼼하게 처리할 수 있고 안심도 됩니다.

그런데 색인 작업이 모두 끝난 뒤 최종 점검을 하는 과정에서 본문의 오류가 발견되어 수정하는 경우도 생기지요. 이때는 페이지를 넘어가거나 넘어오는 글자가 있는지 잘 살펴야 합니다. 만약 수정의 규모가 커서 행이 밀리는 바람에 여러 쪽의 변화가 불가피하다면 그에 따른 색인 항목의 쪽수 변화를 일일이 수작업으로 확인해야 합니다.

책 한 권에 많게는 1,000개가 넘는 색인 항목을 작업할 때도 있습니다. 시간은 촉박하고, 항목 수는 많고, 각 항목별로 체크한 쪽수를 재검토할 시간까지 확보하기란 물리적으로 어렵습니다. 그러니 부분적인 오류의 가능성이 아주 없다고는 못 하겠지요. 그럼에도 불구하고 색인 작업은 안 하는 것보다는 하는 것이 좋습니다.

특히 역사책을 만들 때는 색인을 잘 활용하면 본문 운용에도 도움이 됩니다. 또다시 '아틀라스 역사 시리즈'를 예로 들겠습니다. 이 시리즈는 지도와 표, 그래프, 도판을 중요하게 다루다 보니 원고는 협소한 지면에 빽빽하게 들어갈 수밖에 없습니다. 그래서 본문에서 고유명사에 원어를 병기하면 그만큼 원고 운용에 부담이 생기는데요, 그 문제를 색인에서 해결할 수 있습니다. 색인 항목에 원어를 병기하면, 독자에게 원어 정보를 제공하는 동시에 본문의 복잡함도 해결할 수 있으니까요. 조금 더 욕심을 내자면, 색인 항목 가운데 인물은 생몰 연대를 함께 표기할 수 있습니다. 군주라면 재위 기간까지도 추가할 수 있죠. 또 과거의 지명은 현재의 지명을 괄호에 넣어 병기해 주면 좋고요. 꼭 '아틀라스 역사 시리즈' 같은 콘셉트의 책이 아니더라도, 역사책을 만들 때 색인을 어러모로 잘 운용해 보시기 바랍니다.

한 번 더 강조하지만, 색인 작업은 꼭 하세요. 그물을 촘촘히 해서 고유명사란 고유명사는 모두 뽑아내는 것이 시간상 어렵다면 책에서 가장 중요하게 다루는 핵심 항목만이라도, 1,000개가 어렵다면 100~200개 항목이라도 뽑아서 색인을 만들면 좋겠습니다.

{ 13 }

역사책의 얼굴을 드러내는 방법

표지 편집

표지는 책의 얼굴 역할을 합니다. 담당 편집자와 저자뿐 아니라 한 권의 책 제작에 참여하는 모든 사람에게 표지는 초미의 관심사죠. 다들 아시다시피 표지는 크게 다섯 부분으로 구성됩니다. 표1(앞표지), 표2(앞날개), 표3(뒷날개), 표4(뒤표지) 그리고 책등. 이 가운데 저는 표2와 표4에 가장 신경을 쓰는 편입니다.

　표1을 만들고 결정하는 과정은 언제나 가장 어렵습니다. '보름이면 충분하겠지?' 하고 보름 전, 아니면 그것도 못 미더워서 한 달 전에 표지 디자인을 의뢰해도 시안이 제때 나오는 경우가 별로 없습니다. 디자이너 입장에서 보면 이 책뿐 아니라 여러 가지 책의 표지 디자

인을 동시에 진행하기 때문에 어쩔 수 없는 일입니다.

표지 시안이 나와도 최종 시안이 결정되기까지 힘겨운 과정이 이어집니다. 몇 개의 시안 가운데 눈에 띄는 것이 하나라도 있으면 좋겠지만 전부 별로일 때도 많죠. 그래도 출판사 내에서 하나로 의견을 모으는 과정은 상대적으로 쉬운 편입니다. 저자의 벽에 막히는 경우가 적지 않죠. 저자의 취향은 출판계의 문법과는 다릅니다. 출판사 사람들끼리는 공통의 인식을 바탕으로 어느 정도 이견을 좁혀 나갈 수 있는데, 저자가 "마음에 안 들어요!" 하면 딱히 설득할 방법이 없습니다. 디자이너가 "그래? 그럼 저자 취향에 맞춰서 한번 만들어 보자" 하고 작심하고 만든다고 해도 그 결과물이 저자 마음에 들지는 미지수입니다.

표지 디자인은 각자 처한 상황에서 알아서 판단해야 할 문제이니 이쯤에서 이야기를 끝내고, 표2로 넘어가죠. 표2에는 대부분 저자와 역자 소개글이 들어갑니다. 어느 분야나 마찬가지이지만, 역사책은 저자가 어떤 사람인지 독자에게 제대로 소개하는 것이 특히 중요하다고 생각합니다. E. H. 카가 말했죠. "역사를 알려면 먼저 역사가를 알아야 한다." 같은 나라, 같은 시대, 같은 분야를 다룬 역사책이라도 역사가가 어떤 사람이냐에 따라 책의 내용이 달라지기 때문입니다. 그러니 저자가 누구인지 모르고 역사책을 읽는 것은 나침반 없이 항해하는 것과 같다고 볼 수 있죠.

국내서든 외서든 저자 소개에 들어가는 내용은 크게 다르지 않습니다. 주로 출신 대학과 전공과 현재 하는 일(또는 소속) 등 기본 사항을 알려 주고, 저서와 역서를 나열하는 것이 보통의 저자 소개입니다.

이렇게 뼈대만 세우는 것으로 끝을 낼까요? 기왕이면 여기에 살을 붙이면 좋겠습니다. 저자가 이 책을 왜 쓰게 되었는지, 이 책을 쓰기 위해 어떤 지난한 과정을 거쳤는지, 저자와 이 책의 연결고리가 될 만한 내용을 독자에게 소개하는 거죠. 앞서 저자 서문에 대해 말씀드렸지만, 저자가 서문에서 밝혀 놓은 내용이 알차면 그 부분을 활용해서 표2에 반영하는 것도 방법이겠지요.

그런데 여기에서 한 걸음 더 나아가, 이 책을 쓰는 과정에서 저자에게 특별한 '사연'이 있었다면? 그것이 혹시 우리에게 감동을 주는 것이라면? 그 내용까지 저자 소개글에 넣을 수 있다면 금상첨화겠죠. 앞서 언급했던 『그리스인 이야기』의 저자 앙드레 보나르가 딱 그런 저자였습니다.

사실 이 책의 원서에는 보통의 책이 갖추어야 할 기

본 요소들이 빠져 있었습니다. 저자가 쓴 서문도, 저자에 대한 소개도 없었죠. 황당하게도 저자 소개글이 따로 없었습니다! 그래서 인터넷 서핑을 할 수밖에 없었는데 한글은 물론이고 그나마 접근 가능한 영어로 검색을 해 봐도 잘 걸려들지 않는 겁니다. '우리 책 저자가 이렇게 존재감이 없는 사람인가?' 하는 의구심이 조금씩 생길 무렵, 문득 깨달았죠. '아, 맞다! 저자가 불어권 사람이잖아!' 등잔 밑에 있는 불어 통번역사 아내에게 부랴부랴 부탁을 해서 여러 자료를 찾아냈고, 조사한 내용을 토대로 저자 소개글에 그의 생애 이야기를 추가했습니다.

저자 소개글이라고 해서 특별한 양식이 존재하는 것은 아닙니다. **무조건 독자 우선입니다. 독자가 저자에 대해 알아 두면 좋을 만한 정보라면 풍부하게 소개하는 것이 좋습니다.** 독자가 저자 정보를 접하고 나서 책을 읽기 시작하는 것과 그렇지 않은 것에는 많은 차이가 있다는 확신을 가질 필요가 있습니다.

외서 번역서를 낼 때는 표2에 원서의 저자 소개글을 번역해서 그대로 싣기도 합니다. 표지 작업은 보통 편집 막바지 단계의 촉박한 상황에서 이루어지니 그 정도로 마무리하게 되는데, 책이 나온 다음에 보면 아쉬움이 남곤 하죠. 그러니 저자에 대한 공부를 미리 해 두어야 합니다. 표2를 위해서가 아니라 이 책의 기획 자체를 위해서라도 당연히 그렇게 해야 합니다. 물론 단 한 번으로 완벽한 조사가 이루어지지는 않습니다. 편집이 한창 진행될 때에도 '저자에 대해 내가 몰랐던 새로운 정보가 없나?' 꾸준히 관심을 갖고 찾아보아야 합니다. 그것이 충분히 축적되어야 표2의 완성도를 높일 수 있습니다.

표3은 출판사의 책 광고 코너이니 특별히 언급할 것은 없지만, 이 표3의 광고에 너무 집착할 필요는 없지 않을까 싶습니다. 그것이 독자에게 얼마나 유의미한 정보이고 실질적으로 매출과 어떻게 연결되는지는 잘 모르겠습니다. 저자에 대해 소개할 것도 많고 저자 사진도 넣어야 하고 역자 소개까지 해야 하는 등 표2 지면이 너무 좁다 싶으면, 글씨 크기를 무리하게 줄이지 말고 표3의 지면까지 써 버려도 괜찮다고 생각합니다. 역사책은 저자 소개가 아무리 길어도 지나치지 않다는 것이 제 생각입니다.

표4는 독자가 표1을 본 뒤에 가장 먼저 보는 지면입니다. 앞표지에 나오는 제목과 부제, 저자 이름 등 제한된 정보만 접하고 '어떤 내용의 책일까' 하면서 책을 뒤집어 보면, 뒤표지에 상세한 소개글이 나오죠. 표4 글을

쓸 때의 상책은 책 안에서 발췌하는 것입니다. 그중에서 특히 저자 서문이 가장 좋은 재료죠. 책의 가치, 이 책을 왜 읽어야 하는지 등 핵심 내용을 담고 있을 테니까요. 한두 단락을 잘라 내어 그대로 옮기거나 군더더기를 일부 덜어 내고 실을 수 있으면 가장 좋습니다. 외서의 경우 저자 서문에 마음에 드는 대목이 없으면 역자 후기를 활용하면 좋습니다. 역자 후기를 잘 청탁해서 편집자가 원하는 글을 받아 놓았다면, 활용할 만한 대목이 분명 있을 겁니다.

그런데 표4 작업을 하려고 저자 서문을 다시 읽다 보면, 표4 글로 쓰기에 적당한 대목이 눈에 잘 안 띄는 경우가 많습니다. 오히려 이런 깨달음이 오죠. '저자 서문에 문제가 있다!' 저자 서문을 받아 실을 때만 해도 잘 보이지 않던 부분이 표4 작업을 할 때 눈에 들어오는 거죠. 수정할 여력이 있다면 저자에게 다시 요청하는 것이 가장 좋지만, 그런 시간적 여유가 없다면요? 외서에서 저자 서문뿐 아니라 역자 후기에도 잘라 내기에 마땅한 대목이 없다면요? 이제 다른 방법이 없습니다. 가장 하책이지만 편집자가 저자 서문이나 역자 후기뿐 아니라 그동안 쓴 집필 의뢰서, 원고 검토서 등 온갖 자료를 동원해서 직접 쓰는 수밖에요.

{ 14 }

책의 경쟁력 높이기

보도자료 작성

데이터를 인쇄소에 넘기면, 제책까지 마치고 책이 나올 때까지 무선은 1주, 양장은 2주 정도 걸립니다. 물론 출판사 제작팀의 역량(?)에 따라 그 기간이 얼마든지 단축될 수 있지만요. 책을 만들어 보면 아시겠지만, 데이터 넘기고 나면 하루 이틀쯤 숨 돌릴 여유가 생기죠? 그동안 미루어 둔 다른 업무를 해야 하더라도 심적으로는 여유로운 시간을 보낼 수 있죠. 그렇지만 그 와중에도 마음 한구석이 편치 않습니다. 편집을 마무리하느라 잊고 있었던 생각들이 떠오릅니다. '잘 팔려야 하는데!' 물론 영업과 홍보는 마케터의 주 업무이지만, 마케터가 필드에서 잘 뛸 수 있도록 판을 깔아 주는 것은 편집자의 몫입니다.

그러기 위해 가장 중요한 것이 바로 보도자료입니다. 책이 보도자료를 통해 언론에 많이 노출되면 마케터는 그만큼 밖에 나가서 목에 힘을 줄 수 있습니다. 또한 보도자료는 마케터가 책을 홍보하기 위한 주요 자료가 됩니다. 마케터는 보도자료를 토대로 엠디MD를 만나 설득도 하고, 온라인 서점에 책 소개 자료도 보내고, 소셜네트워크서비스SNS 홍보에도 활용합니다.

여유로워야 할 편집자의 마음을 가장 불편하게 하는 것, 저를 포함해서 편집자라면 누구나 괴로워하는 일이 보도자료 작성이죠. "(한숨 푹 쉬며) 보도자료 써야 하는데……." 우리가 늘 하고 늘 듣는 얘기죠? 책 입고 날짜와 보도자료를 보내기로 한 날짜는 언제나 빠르게 다가옵니다. 어떤 편집자도 피할 수 없는 과정이죠. 결국 컴퓨터 앞에 앉아 보도자료를 써야 합니다.

보도자료에 왕도가 따로 있을까 싶습니다만, 편집 2년 차 때부터 제가 늘 써 오던 구성 방식이 있으니 간단히 소개해 보겠습니다.

저는 보도자료의 도입부에 '기획 의도'라는 제목을 다는데요, 여기에는 주로 "이러저러한 점에서 이 책이 세상에 나올 가치가 있고, 그래서 우리가 이 책을 출간

한 것이다"라는 내용을 담습니다. 그런데 대부분 보도 자료는 '최근 국내외에 존재하는 여러 사회 현상'을 매개 삼아 도입부를 시작하더군요. 특히 역사책이라면, 세상의 모든 역사책이 현재적 고민에서 시작되는 것이니 도입부를 이와 같이 시작하는 것이 일리가 있습니다. 그러나 이런 서술은 자칫 큰 우를 범할 수도 있습니다. 최근 국내외에 존재하는 현상들은 아직 현재진행형이기 때문입니다. 그에 대한 평가가 시간이 지나면 어떻게 달라질지 알 수 없는 일입니다. 그렇다면 우리가 꺼낸 도입부가 오히려 책의 가치를 약화하거나 더 나아가서는 훼손할 수도 있습니다.

그래서 저는 이보다는 좀 더 '안전한' 방법을 택합니다. 이 책이 어느 위치에 있느냐를 가장 먼저 따져 보는 거죠. 오프라인 서점이라면 어느 판매대에 눕고 어느 서가에 꽂힐지, 온라인 서점이라면 어느 카테고리에 들어갈지 생각해 봅니다. 그러고는 경쟁 도서를 정리하고 내가 만든 책과 비교해 봅니다. 내 책은 다른 책들과 이러저러한 차별성이 있어! 그 책들이 하지 못하는 이야기를 내 책은 선명하게 이야기하고 있어! 이러한 장점을 경쟁 도서와 비교하며 강조해서 드러내는 거죠. 그런데 이런 정리를 어느 세월에 하느냐고요? 몇 달 전을 떠올려 보면 답을 찾을 수 있습니다. 책의 출간 여부를 결정할 때 이미 정리해 놓았거든요. 그걸 활용해서 다시금 잘 정리하면 됩니다. 저는 보도자료를 쓸 때 무언가 멋진 글을 써야겠다는 부담을 갖지 않습니다. 그냥 건조하게, 내 책과 경쟁 도서의 차별성만 부각시켜 주면 됩니다. 기자는 우리 편집자보다 직접 글을 쓰는 일이 훨씬 많은 사람이잖아요? 기자가 내 책에 대한 기사를 폼 나게 잘 쓸 수 있게 옆에서 거들어 주기만 하면 충분하다는 생각입니다.

제가 편집한 책 가운데 가장 좋은 성적을 거둔 책은 아마도 『칭기스 칸, 잠든 유럽을 깨우다』(잭 웨더포드, 정영목 역, 사계절, 2005)가 아닐까 싶습니다. 물론 저는 담당 편집자일 뿐이었고, 성적이 좋았던 이유는 회사 고유의 역량과 팀장의 집요한 노력 덕분이었습니다만.

담당 편집자로서 제가 본 이 책의 변별점은 두 가지입니다. 첫째, 칭기즈 칸을 다룬 기존의 책들은 주로 두 가지 시각으로 나뉘었습니다. 그를 야만적 압제자로 보거나, 알렉산드로스와 카이사르보다 더 넓은 영토를 정복한 위대한 영웅으로 치켜세우거나. 그런데 이 책의 저자는 기존의 이분법적 평가에서 한 걸음 더 나아가 칭기즈 칸을 근대 세계의 기획자로 평가하고 그가 유럽 근대 문명을 촉발시켰다는 점을 강조합니다. 원서 제목도 『Genghis Khan and the Making of the Modern World』(칭기즈 칸과 근대 세계의 형성)였지요. 그래서 저는 보도자료 기획 의도의 첫머리에 칭기즈 칸의 이런 면모를 강조했습니다. 둘째, 이 책이 나올 당시 '서양중심주의에 대한 지적 반란'이라고 평가할 만한 역사책이 국내에 많이 소개되고 있었는데요, 세계사에서 몽골 제국의 역할을 부각시킨 책이 없었다는 점을 강조하며 차별성을 보여 주려 했습니다.

'기획 의도' 다음으로는 대개 **'주요 내용'**이 들어갑니다. 차례와 각 장별 요약 글이죠. 이건 구색 맞추기의 의미가 있고요, 제가 중요하게 생각하는 것은 본문 발췌입니다. 저는 '본문 맛보기'라고 제목을 달죠. 편집자가 본문에서 재미있거나 훌륭한 지식이거나 감동이 느껴지는 대목을 8~10개쯤 발췌해서 보여 주는 부분입니다. 책 전체를 읽을 여력이 없는 기자나 엠디에게는 가장 필요한 부분이 아닐까 싶습니다.

마지막으로 중요하게 생각하는 것이 **'저자 소개'**입니다. 표2에 넣은 글을 복사해서 그대로 붙이면 되고, 기자나 엠디 입장에서는 책을 직접 보면 다 아는 내용인데 뭐가 중요하냐고요? 보도자료에는 지면의 한계가 없기 때문입니다. 지면 관계상 표2에 충분히 넣지 못한 이야기, 책의 품격을 지키느라 좀 절제한 표현을 보도자료에는 충분히 그리고 과감히 넣어서 '저자 자랑'을 실컷 해도 됩니다. 기자가 기사를 쓸 때 보통은 책을 중심으로 풀어 나가지만, 저자를 중심으로 풀어 나가기도 하니까요.

　마지막으로 덧붙이고 싶은 것이 하나 더 있습니다. 보도자료는 책 홍보의 중요한 매개 수단이므로 심혈을 기울여 잘 써야겠지만, 그렇다고 해서 보도자료가 책보다 더 중요할 수는 없습니다. 여러분은 한 권의 책을 편집하느라 온갖 고생을 다했습니다. 그것이 핵심입니다. 그에 비하면 보도자료 작성은 상대적으로 가벼운 작업입니다. 조금은 편안해져도 됩니다!

한 분야의 전문 편집자를 꿈꾸며

편집자로 17년을 일해 왔습니다. 최근 10년은 어린이·청소년 책 작가 일을 병행하고 있고요. 편집자에서 저자로 영역을 넓힐 수 있었던 이유는 단 하나입니다. 편집자 시절에 하나의 분야에 집중했기 때문입니다. 물론 쉬운 일은 아닙니다. 다들 아시겠지만 출판사에서 일하다 보면 편집자가 하나의 분야에, 그것도 자신이 좋아하는 분야에 집중하기란 참으로 어렵죠. 주어진 책이면 분야를 가리지 않고 만들어야 하는 경우가 대부분입니다.

　　저는 역사책을 만드는 출판사만 찾아다녔습니다. 다닐 곳이 없으면 프리랜스 편집자로 역사책을 만들었고요. 역사책을 만든 경험, 역사책을 만들기 위해 역사

책을 읽은 경험, 책 편집 과정에서 독자를 의식하는 글을 써 본 경험이 쌓이면서 자연스럽게 저자의 영역에까지 발을 들여 놓게 되었습니다. 글을 쉽게 쓰는 훈련과 어린이·청소년에 대한 개인적인 관심을 묶어서 어린이·청소년 책 작가의 역할을 해 나가고 있지요.

편집자로 일한 지 얼마 안 된 분이 이 책을 읽고 계시다면, 이 말씀을 드리고 싶어요. 나에게 맞는 한 분야를 정하고 그 분야의 전문 편집자를 꿈꾸어 보라는 것입니다. 저는 역사책을 가지고 말씀드렸지만 꼭 역사책일 필요는 없습니다. 독립해서 출판사 대표가 된 선배 편집자들 소식을 종종 들을 텐데요, 출판사 경영이 목표라면 제 이야기를 따를 필요가 없습니다. 하지만 편집자로 오래 남고 싶다면 전문 편집자를 목표로 삼으세요.

물론 그 과정이 만만치는 않습니다. 출판사의 사정상 내가 만들고 싶은 책을 골라서 만드는 것이 쉽지는 않죠. 그래도 평소에 꾸준히 노력해야 합니다. 관심 있는 분야를 꾸준히 공부해야 합니다. 저는 퇴근 이후와 주말을 이용해서 여러 출판사에서 나온 좋은 역사책을 틈틈이 읽습니다. 역사를 소재로 하는 TV 프로그램, 사극 영화, 팟캐스트도 평소에 늘 보고 듣고요. 한 가지 주제를 잡아서 깊이 파 보는 것도 좋은 방법입니다. 임진왜란은 한국사뿐 아니라 동아시아사 차원에서도 중대한 사건이고, 지금도 다양한 장르에서 다양한 방식으로 변주되고 있습니다. 임진왜란에 관한 여러 책과 문헌을 평소에 꾸준히 읽어 두면 이후 역사책을 편집할 때나 글을 쓸 때 어떤 식으로든 도움이 될 겁니다.

전문 편집자가 되면 좋은 점이 있습니다. 분야를 좁게 설정하면 활동 반경이 오히려 더 넓어질 수 있거든요. '원고 들어오면 편집하고, 교정보고, 책 내고'의 과정에 갇히는 것이 아니라 편집의 앞뒤 단계인 기획과 마케팅 단계까지 시야를 넓힐 수 있죠. 물론 저자로서의 가능성도 생깁니다. 편집자가 평소 글을 쓰는 양은 언론사 기자에 비하면 상대적으로 적지만, 어쨌든 우리는 책을 만드는 과정에서 독자를 상정하면서 일을 합니다. 그러한 훈련은 저자가 될 가능성을 높여 줄 수 있죠. 여기에 한 분야에 대한 전문성과 자신감까지 더해진다면 충분히 저자가 될 수 있습니다.

기왕 편집자 할 거면, 전문 편집자를 하세요!

역사책 만드는 법
: 내가 좋아하고 잘하는 분야의 전문 편집자로 일하기 위하여

2020년 10월 24일   초판 1쇄 발행

지은이
강창훈

펴낸이	**펴낸곳**	**등록**
조성웅	도서출판 유유	제406-2010-000032호(2010년 4월 2일)

주소
경기도 파주시 책향기로 337, 301-704 (우편번호 10884)

전화	**팩스**	**홈페이지**	**전자우편**
031-957-6869	0303-3444-4645	uupress.co.kr	uupress@gmail.com

	페이스북	**트위터**	**인스타그램**
	facebook.com	twitter.com	instagram.com
	/uupress	/uu_press	/uupress

편집	**디자인**	**마케팅**
전은재, 조은	이기준	송세영

제작	**인쇄**	**제책**	**물류**
제이오	(주)민언프린텍	(주)정문바인텍	책과일터

ISBN 979-11-89683-73-3 04900
       979-11-85152-36-3 (세트)

이 도서의 국립중앙도서관 출판예정도서목록(CIP)은 서지정보유통지원시스템
홈페이지(seoji.nl.go.kr)와 국가자료공동목록시스템(nl.go.kr/kolisnet)에서
이용하실 수 있습니다.(CIP제어번호: CIP2020042022)

텀블벅 후원자 명단

후원해 주신 모든 분께 감사드립니다.

1106 22 5566 87**** ㄱㅅㅂ 강동화 강민성 강학관곱슬이 검준형 경기II굴짱 경이 고요한
고정용 곰곰출판 공상 구주연 구혜경 군산 권경자 규규 규리 그남자 그날의나 그늘 글나무
기린기린기린아 김가영 김경동 김규민 김규태 김근성 김나정 김남우 김대욱 김대희 김동국
김성경 김소희 김수현 김슬기 김시연 김아름 김양갱 김영수 김예은 김은우 金紫榮 김정현
김주현 김지수 김지아 김지애 김지영 김지원 김지혜 김지혜 김진경 김진영 김찬빈 김창신
김해지 김현진 김혜정 꺼미베어 꿍 뀨뀨 끼룩 나무 나자 나주엽 남은경 내성적인심바
노창석 놀자 느린_김병준 다혜 단어의집 당 도노 도리스 독도바다 돌고래 동물의사귄선생
돛과닻 두웅 디드로 디어마이 디킨스 딩드 람 라룬 람둥이 로운 로지즈 류이 리리 리오닝
마루 마리 마피아싱글하우스 말몽 멍양 명지돌 모둥 모라진Mora.jin 목지연 몽당연필 몽자
무딘 무명 문구점웅 문아영 문주연 믹 미루나무 미리 미피통조림 민주친구 민구지 바나나래
바다는기다란섬 바람별 바지락 바흐사랑 박기태 박나나 박소연 박수희 박예향 박은선 박지민
박지윤 박현정 박혜림 박효수 박효정 발코니출판사 밝은 배고파 변지은 별곰자리출판사 보스코
봄쌀 봄작 북극고양이 브로콜리 블레이크 블루아즈라엘 비롯 빙카 뿜빵 사이다 상어출판사
새날 서고 서굴 서영 서울로망 서희준 설향현 성기승 세수연 소다린 소복이 소정 소정
손톱달 손한길 송예진 송지영 수수 순선화 숨 슈 스누피 스무디 스파이시 승유이모 시안
신세빈 신이— 실험과관찰 심플린 싱 쏘 ㅇㅁㅁ ㅇㅇ ㅇㅇㅇ ㅇㅎ 아라나래 아르케 아빠곰
아타 아톰 안개 안나 안현영 야오 양여사ㅎㅎ 어처구니 언제까지나 얼음 엄은비 에비에비
에제르 엘리 연장미 영수 예띠 예쁜콩 엘루미 오경진 오후 올리브완 완완 왕두루미 용가리
우연씨 우정샘 우주미안 우쿠쿠보이 워너비너워 원 원소연채연 유가람 유나 유단비 유진
유하연 유효주 윤예진 율 은설 이다현 이물 이미나 이미지 이민정 이상해 이석 이수진 이수진
이승미 이승은 이승희 이안호범 이연실 이영재 이예인 이은규 이은옥 이은이 이은진 이정빈
이주현 이진 이지훈 이진욱 이채로운 이하은 임경춘 임다일 임수진 임은선 자노아 장국영
장우찬 장유진 장제제 재이 쟈니 전기남 전수연 정 정민교 정재은 정태희 정하은 조연주
조제리 조혜연 조혜진 주디 주영 준가 중이 쥬징 진아영 쩡 쪼리 차현호 책방사진관 책방심다
책봇에디스곤 책수레 챔버 천향이 철딱선희 최소연(슈슈) 최ెa 최연우 최지원 최진영
최창근 최초딩 최현경 최현지 춘선 코빵이 코호북스 콩 콩콩이 킹핀 ㅌㅌㅌ 탄산 태호 투덜
티티카카 파랑새 파랑파랑 파주 파흔 팝핑 팽 프로젝트희희 하람아빠 하양별 한별 한소희
한아름 한아름 한주희 해영 해킹금지 허스키 허예지 허재희 헤비닝 현진 현희진 홍연주 홍재
홍차 화인 황다원 황서연 황혜정 후라이 후파람 히스클리프 힐리 A형라면 alf**** Anne Anzi
audwh24 Barista—Gu batterygirl be**** BearCat Becky biamon9 book**** chable chou
CinemoolKim clem**** colee**** Crystal_SJ curio dainn Dansak Park ddoro**** Dirtybarry
dltkfkd**** dory**** Elicia Eun Gyoung fc**** free.not.free gen**** Genius ghgk ghlee****
godn**** hailin Han-keulJeong HeejinKim hi hm7899 Hyang-moChoi HyehyunSung hyeon
HyeonseungSeo hyj**** hyn hyni i**** ime INYEONG italic itsjune jacksu**** Jaeha

JEIN Jinny Joo Julio June kai**** Kind_of_Summer kjm**** kkkjjw**** Lacavice LeeYess lGakul혁이 lsb0**** LUNA819 lusor m**** ma**** mago Mh Seo milkyrain Minpyo Kim missingyoon moldy MoonseonHur nellyzin**** Nevertheless nomorel novel문학 ohsukyou**** pahrenheit pigazzu PINEA Project_Dan qkektanf Ren RootandbranchKuhn rsg Ryan saha5670 SanghyeokWon sangjae Sawasi ScheiBe seul1002 Seulgi Kim skaghkd**** SONATINA sonen SoojinKim soulmate44 spotless StUdIOsee summer705 SUPERBEAR supersta**** tita Tommy tox ungo**** wangp**** wbsong21 wk**** WooheeByeon YongEon Jeon YubinSong YvetteYang yythejude zeon**** (외 8명)

문학책 만드는 법
원고가 작품이 될 때까지,
작가의 곁에서 독자의 눈으로

강윤정 지음

'편집자 공부책' 시리즈의 첫
번째 책. 십 년 넘게 문학 안팎의
책을 만들다가 '문학 편집자'로서
전문성을 갖추고 소설, 시, 산문 등
작가의 원고를 물성을 지닌 책으로
만들어 온 저자가 문학책 기획과
편집에 대해 이야기한다.
문학 편집자는 "작가마다 제각각
품고 있는 완전히 다른 세계를
가장 먼저 엿보고" 좋은 책,
독자에게 읽히는 책을 만든다는
공동의 목표를 향해 작가와 나란히
달리는 '러닝메이트'이다. 저자는
자신의 실제 업무일지를 바탕으로
러닝메이트의 일이 무엇인지,
어떤 고민과 선택의 과정을 거쳐
문학책을 만드는지 구체적으로
보여 준다.

경제경영책 만드는 법
독자의 경제생활을 돕는 지식 편집자로
살기 위하여

백지선 지음

지난 20년간 비교적 규모가 큰 종합
출판사에서 일하며 미래 전망, 소비
트렌드 예측, 부동산·주식 투자 등을
포함한 재테크, 자기계발 등 다양한
경제경영책을 기획·편집한 저자는
이 책을 통해 그간 성실히 정리해 온
시대별 경제경영책의 트렌드, 세부
분야별 시장 분석 자료, 구체적인 기획
방법 등을 제시한다. 경제경영책을
만드는 편집자는 물론, 자기 분야에서
새로운 경제경영책을 쓰고자 하는 저자,
그간 읽어 온 경제경영책의 흐름을
한눈에 파악하고자 하는 독자 모두에게
유익한 도움이 될 것이다.

근간

실용책 만드는 법
사회과학책 만드는 법
에세이 만드는 법
인문교양책 만드는 법
과학책 만드는 법